なりたい自分《じぶん》になろう！

人生《じんせい》を切《き》りひらいた女性《じょせい》たち 1

医療《いりょう》 科学《かがく》 編《へん》

池内 了 監修

教育画劇

はじめに

　ノーベル賞受賞者《しょうじゅしょうしゃ》を見《み》るまでもなく、昔《むかし》も今《いま》も、科学《かがく》の仕事《しごと》は男性《だんせい》のもので、女性《じょせい》はせいぜいそのお手伝《てつだ》いをするだけ、と考《かんが》える人《ひと》が多《おお》いようです。男《おとこ》は理性的《りせいてき》で論理的《ろんりてき》であり、女《おんな》は感性的《かんせいてき》で情緒的《じょうちょてき》という先入観《せんにゅうかん》が社会《しゃかい》に染《し》みついているためでしょう。しかし、それは根拠《こんきょ》がない偏見《へんけん》で、条件《じょうけん》さえ与《あた》えられれば女性《じょせい》も男性《だんせい》に伍《ご》して科学《かがく》の世界《せかい》でも活躍《かつやく》できるのです。まだ十分《じゅうぶん》に男性《だんせい》と対等《たいとう》というわけではありませんが、ようやく最近《さいきん》になって、科学《かがく》を選択《せんたく》する女性《じょせい》が増《ふ》え、多《おお》くの成果《せいか》を挙《あ》げていることを見《み》れば明《あき》らかです。

　本書《ほんしょ》は、科学《かがく》のみならず広《ひろ》く学問《がくもん》や医療《いりょう》の現場《げんば》に女性《じょせい》が入《はい》っていくことさえ禁《きん》じられていた時代《じだい》に、自《みずか》らの信念《しんねん》に従《したが》って進《すす》む道《みち》を選《えら》び、さまざまな困難《こんなん》を乗《の》り越《こ》えていった女性《じょせい》たちの歩《あゆ》みを取《と》り上《あ》げています。それぞれが、非常《ひじょう》に限《かぎ》られた可能性《かのうせい》しかないにもかかわらず、勇気《ゆうき》をふるってチャレンジし、粘《ねば》り強《づよ》く仕事《しごと》を続《つづ》けて実力《じつりょく》を示《しめ》し、信頼《しんらい》を勝《か》ち取《と》ってきたことがわかるでしょう。「女性《じょせい》として最初《さいしょ》の挑戦《ちょうせん》」というような場合《ばあい》、周囲《しゅうい》から特《とく》に厳《きび》しい目《め》で見《み》られたに違《ちが》いありませんが、それにもめげずやり通《とお》し実力《じつりょく》を証明《しょうめい》してきました。その意味《いみ》ではエリート女性《じょせい》ばかりですが、そのような人《ひと》たちの活躍《かつやく》があったからこそ、女性《じょせい》が学問《がくもん》の世界《せかい》に広《ひろ》く進出《しんしゅつ》できるようになったと言《い》えるでしょう。本書《ほんしょ》から、先輩女性《せんぱいじょせい》たちがどのような苦労《くろう》をして道《みち》をひらいてきたかを知《し》って欲《ほ》しいと思《おも》います。

　むろん、本書《ほんしょ》で取《と》り上《あ》げた女性《じょせい》たちは成功《せいこう》して名《な》を残《のこ》した人《ひと》たちばかりで、無名《むめい》のまま挫折《ざせつ》した人《ひと》たちも多《おお》くいたことでしょう。しかし、それらの人々《ひとびと》の苦闘《くとう》によって女性《じょせい》の社会的地位《しゃかいてきちい》が認《みと》められるようになったことも忘《わす》れてはなりません。

　先人《せんじん》たちの苦労《くろう》をしのびつつ、なおいっそう女性《じょせい》が男性《だんせい》と互角《ごかく》に活躍《かつやく》できる社会《しゃかい》にするための参考《さんこう》にしてもらえれば幸《さいわ》いです。

池内《いけうち》 了《さとる》
理学博士《りがくはくし》
名古屋大学名誉教授《なごやだいがくめいよきょうじゅ》

もくじ

楠本《くすもと》イネ

産科医《さんかい》　1827-1903年《ねん》／日本《にほん》(長崎出身《ながさきしゅっしん》)

ドイツ人《じん》・シーボルトの子《こ》として生《う》まれ西洋医学《せいよういがく》を学《まな》んだ日本初《にほんはつ》の女性医師《じょせいいし》

イネの肖像《しょうぞう》。目《め》が青《あお》く、髪《かみ》が茶色《ちゃいろ》で、ヨーロッパ人《じん》の血《ち》をひくことがわかる顔立《かおだ》ちだったという。

京橋区築地《きょうばしくつきじ》
壱番地《いちばんち》において
産科医開業《さんかいかいぎょう》
罷《まか》りあり候《そうろう》

〔東京《とうきょう》の京橋区《きょうばしく》*築地《つきじ》で、
産科医《さんかい》を開業《かいぎょう》していました〕

＊現在《げんざい》の中央区《ちゅうおうく》

(参考《さんこう》：福井英俊《ふくいひでとし》「楠本《くすもと》・米山家資料《よねやまけしりょう》にみる楠本《くすもと》いねの足跡《そくせき》」『鳴滝紀要《なるたききよう》』創刊号別刷《そうかんごうべつずり》　シーボルト宅跡保存基金管理委員会《たくあとほぞんききんかんりいいんかい》)

これはイネが、これまでにどんな医学修業《いがくしゅうぎょう》やどんな仕事《しごと》をしてきたかを説明《せつめい》した、履歴書《りれきしょ》の中《なか》の言葉《ことば》です。東京《とうきょう》の築地《つきじ》で産科医院《さんかいいん》を開業《かいぎょう》していたことを述《の》べています。

2歳《さい》の時《とき》に生《い》き別《わか》れた父《ちち》、シーボルトと同《おな》じ医師《いし》の道《みち》へ

「オランダ商館《しょうかん》」の中《なか》のようす。イネの父《ちち》、シーボルトもこうした暮《く》らしをしていたと思《おも》われる。

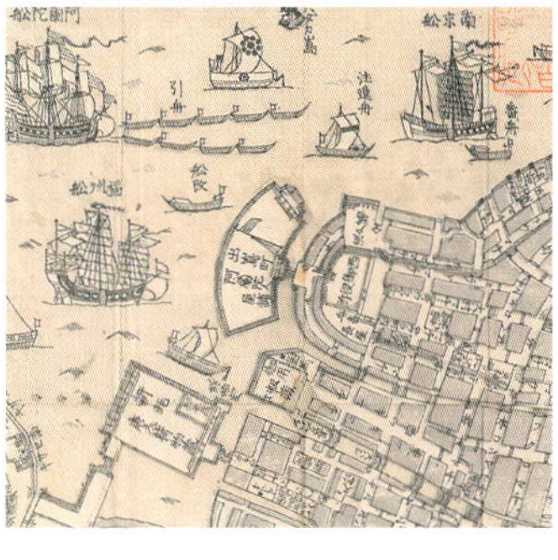

昔《むかし》の長崎港《ながさきこう》の図《ず》。中央《ちゅうおう》のおうぎ形《がた》の島《しま》が出島《でじま》。シーボルトは特《とく》別《べつ》に出島《でじま》から出《で》ることが許《ゆる》されていた。

江戸時代《えどじだい》の終《お》わりごろ、イネはドイツ人《じん》の父《ちち》・シーボルトと、日本人《にほんじん》の母《はは》・お滝《たき》との間《あいだ》に生《う》まれました。当時《とうじ》の日本《にほん》は鎖国《さこく》といって、外国《がいこく》との交流《こうりゅう》を禁止《きんし》しており、例外《れいがい》としてヨーロッパ人《じん》がとどまることを許《ゆる》されたのは長崎《ながさき》の出島《でじま》だけでした。シーボルトは、ここに設《もう》けられた「オランダ商館《しょうかん》」の医師《いし》として、診療《しんりょう》や西洋医術《せいよういじゅつ》の教育《きょういく》を行《おこな》いました。しかし1828年《ねん》に、日本《にほん》からの追放《ついほう》を言《い》いわたされてしまいます。

こうして2歳《さい》の時《とき》に父《ちち》と別《わか》れたイネは、やがて父《ちち》と同《おな》じ医学《いがく》を志《こころざ》し、父《ちち》の門下生《もんかせい》をはじめ、当時《とうじ》の一流《いちりゅう》の医師《いし》たちに学《まな》びます。最新《さいしん》の医学知識《いがくちしき》を得《え》たイネは、公式《こうしき》の資格《しかく》こそなかったものの、日本人《にほんじん》で初《はじ》めて西洋《せいよう》医学《いがく》を修得《しゅうとく》した女性医師《じょせいいし》となりました。ドイツ人《じん》の血《ち》をひく外見《がいけん》のせいで、差別《さべつ》を受《う》けることもありましたが、その実力《じつりょく》は高《たか》く評価《ひょうか》されました。

▶▶▶ 楠本《くすもと》イネの人生《じんせい》をたどってみよう

子《こ》ども時代《じだい》 父《ちち》から送《おく》られた本《ほん》で勉強《べんきょう》

幼《おさな》いころのイネは、女《おんな》の子《こ》の遊《あそ》びより男《おとこ》の子《こ》の遊《あそ》びが好《す》きで、かしこく、知的好奇心《ちてきこうきしん》の強《つよ》い子《こ》どもでした。父《ちち》から送《おく》られてきた語学書《ごがくしょ》や医学書《いがくしょ》を読《よ》み、毎日勉強《まいにちべんきょう》しました。青《あお》い目《め》、茶色《ちゃいろ》い髪《かみ》、父《ちち》によく似《に》た美《うつく》しい顔立《かおだ》ちのイネは、人《ひと》とはちがう自分《じぶん》の姿《すがた》になやみながらも、学問《がくもん》で身《み》を立《た》て、いつか父《ちち》の職業《しょくぎょう》をつぎたいと望《のぞ》んでいました。

3歳《さい》のイネ。
このイネの似姿《にすがた》は、イネの母《はは》・お滝《たき》が、オランダに帰《かえ》ったシーボルトに送《おく》ったもの。螺鈿細工《らでんざいく》の箱《はこ》に描《えが》かれている。

13歳《さい》 父《ちち》と同《おな》じ医学《いがく》を志《こころざ》し、修業《しゅぎょう》の日々《ひび》

イネは家《いえ》を出《で》て（17歳《さい》の時《とき》という説《せつ》もあります）、愛媛《えひめ》や岡山《おかやま》で医師《いし》をしていた父《ちち》の門下生《もんかせい》らのもとを訪《たず》ね、医学《いがく》を学《まな》び始《はじ》めます。とくに17歳《さい》からの6年間《ねんかん》は、岡山《おかやま》で産科《さんか》の修業《しゅぎょう》を積《つ》みました。

24歳《さい》の時《とき》、娘《むすめ》をみごもり、長崎《ながさき》に帰《かえ》って出産《しゅっさん》します。イネは相手《あいて》の男性《だんせい》とは結婚《けっこん》せず、長崎《ながさき》で開業《かいぎょう》しながら娘《むすめ》を育《そだ》てました。

イネの父《ちち》であり高名《こうめい》な医師《いし》

フィリップ・フランツ・フォン・**シーボルト**

(1796-1866年《ねん》)

ドイツの貴族《きぞく》の出身《しゅっしん》ですが、自然科学《しぜんかがく》を愛《あい》し、東洋《とうよう》で仕事《しごと》をしたいと願《ねが》って、オランダの東《ひがし》インド会社《がいしゃ》に入《はい》りました。そして日本《にほん》に派《は》けんされ、お滝《たき》に出会《であ》いました。日本《にほん》では、医師《いし》としての仕事《しごと》のほか、博物学者《はくぶつがくしゃ》として、熱心《ねっしん》に日本《にほん》の植物《しょくぶつ》や動物《どうぶつ》の標本《ひょうほん》を集《あつ》め、記録《きろく》しました。それらは『日本植物誌《にほんしょくぶつし》』などの著作《ちょさく》に残《のこ》っています。

32歳《さい》 父《ちち》との再会《さいかい》、さらなる医学修業《いがくしゅぎょう》

イネの娘《むすめ》、タカ。

追放《ついほう》されていたシーボルトが、許《ゆる》されてふたたび日本《にほん》にやってきました。イネは父《ちち》と感動《かんどう》の再会《さいかい》を果《は》たします。そして、父《ちち》の指導《しどう》を受《う》けながら多《おお》くの知識《ちしき》を吸収《きゅうしゅう》し、医術《いじゅつ》にみがきをかけました。さらに出島《でじま》のオランダ人医師《じんいし》たちからも、最新《さいしん》の医療技術《いりょうぎじゅつ》を学《まな》びます。

高名《こうめい》な父《ちち》が、イネの医院《いいん》で診察《しんさつ》することもあったようです。

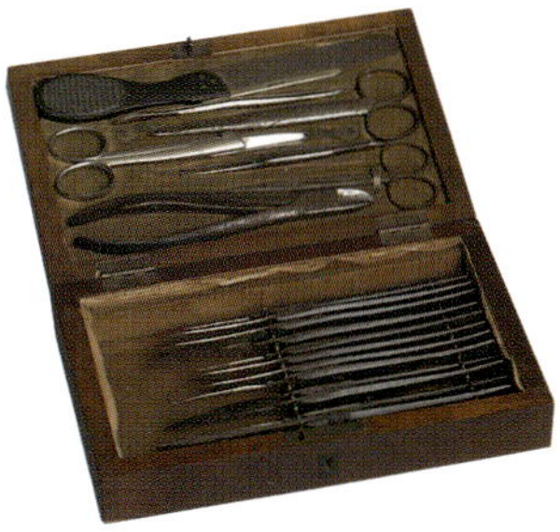

イネがゆずり受《う》けた、シーボルトの医療器具《いりょうきぐ》。

43歳《さい》 東京《とうきょう》で産科医院《さんかいいん》を開業《かいぎょう》する

イネは1870年《ねん》に、東京《とうきょう》の築地《つきじ》に産科医院《さんかいいん》を開《ひら》きました。高度《こうど》な医療技術《いりょうぎじゅつ》をもつ一流《いちりゅう》の医師《いし》となったイネは、1873年《ねん》、福沢諭吉《ふくざわゆきち》の推《すい》せんで宮内省御用掛《くないしょうごようがかり》にもなっています。しかし、1875年《ねん》に医術開業試験《いじゅつかいぎょうしけん》が始《はじ》まり、これに合格《ごうかく》しないと医師《いし》とは認《みと》められなくなりました。女性《じょせい》には受験資格《じゅけんしかく》がなかったため、イネは産科医院《さんかいいん》をたたみ、1884年《ねん》に長崎《ながさき》で産婆《さんば》（助産師《じょさんし》）になりました。

オランダの医師《いし》を感心《かんしん》させた才能《さいのう》

イネは、オランダ人《じん》医師《いし》ポンペが行《おこな》った日本初《にほんはつ》の解剖実習《かいぼうじっしゅう》にも参加《さんか》していました。

高《たか》い技術《ぎじゅつ》と知識《ちしき》、医学《いがく》への情熱《じょうねつ》をもつイネに感心《かんしん》したことを、ポンペは著書《ちょしょ》に書《か》き残《のこ》しています。

ポンペが医学《いがく》を教《おし》えていた、長崎《ながさき》の養生所《ようじょうしょ》（現在《げんざい》の長崎大学医学部《ながさきだいがくいがくぶ》）。

荻野《おぎの》吟子《ぎんこ》

産科医《さんかい》　1851-1913年《ねん》／日本《にほん》(埼玉出身《さいたましゅっしん》)

何度《なんど》ことわられてもあきらめず、日本《にほん》で初《はじ》めて医師免許《いしめんきょ》をとった女性《じょせい》

当時流行《とうじりゅうこう》の「鹿鳴館《ろくめいかん》スタイル」をした吟子《ぎんこ》。医学校《いがっこう》には、男子用《だんしよう》のはかまに高《たか》げた、短髪《たんぱつ》という姿《すがた》で通《かよ》ったという。

願書《がんしょ》は再《ふたた》び呈《てい》して
再《ふたた》び却下《きゃっか》されたり。
思《おも》うに余《よ》は生《うまれ》てより斯《かく》の如《ごと》く
窮《きゅう》せしことはあらざりき。
〔願書《がんしょ》はまた提出《ていしゅつ》して、また却下《きゃっか》されました。
生《う》まれてからこれほどこまったことはありませんでした。〕

(出典《しゅってん》:『女学雑誌《じょがくざっし》』354号《ごう》、北海道《ほっかいどう》せたな町《ちょう》ホームページ「日本女医第《にほんじょいだい》1号《ごう》 荻野吟子《おぎのぎんこ》」*)

医学校《いがっこう》を卒業《そつぎょう》した吟子《ぎんこ》ですが、医師《いし》の資格《しかく》を得《え》るためには医術開業試験《いじゅつかいぎょうしけん》に合格《ごうかく》する必要《ひつよう》がありました。しかし、当時女性《とうじじょせい》が受験《じゅけん》することは認《みと》められておらず、願書《がんしょ》を提出《ていしゅつ》しても受《う》けつけてもらえず、吟子《ぎんこ》はなやみ苦《くる》しみました。

だれもいないのなら、自分《じぶん》が女医《じょい》になる

江戸時代《えどじだい》の終《お》わり、今《いま》の埼玉県《さいたまけん》に生《う》まれた吟子《ぎんこ》は、子《こ》どものころから学問《がくもん》が好《す》きでした。16歳《さい》で結婚《けっこん》しますが、病気《びょうき》にかかったことが原因《げんいん》で離婚《りこん》しています。入院中《にゅういんちゅう》、男性医師《だんせいいし》ばかりでいやな思《おも》いをした吟子《ぎんこ》は、女性医師《じょせいいし》がだれもいないなら自分《じぶん》がなろうと心《こころ》に決《き》めました。

当時《とうじ》、女性《じょせい》が医師《いし》になる道《みち》はありませんでしたが、女《じょ》子師範学校《ししはんがっこう》を卒業後《そつぎょうご》、苦労《くろう》の末《すえ》、ようやく私立《しりつ》の医学校《いがっこう》「好寿院《こうじゅいん》」に入学《にゅうがく》できました。29歳《さい》のことです。

卒業後《そつぎょうご》は、医術開業試験《いじゅつかいぎょうしけん》の受験《じゅけん》を許可《きょか》されずに苦《くる》しみます。しかし、師《し》の支《ささ》えを受《う》けながら制度《せいど》の改正《かいせい》をうったえ、高名《こうめい》な医師《いし》に協力《きょうりょく》を求《もと》め、平安時代《へいあんじだい》の日本《にほん》に女医《じょい》がいたことを調《しら》べて示《しめ》すなどの活動《かつどう》をします。ようやく受験《じゅけん》を許可《きょか》されて、1885年《ねん》に合格《ごうかく》。日本《にほん》の公式《こうしき》の女性医《じょせいい》師第《しだい》1号《ごう》となりました。その後《ご》、東京《とうきょう》や北海道《ほっかいどう》で医院《いいん》を開業《かいぎょう》し、医療《いりょう》と社会活動《しゃかいかつどう》に力《ちから》をつくしました。

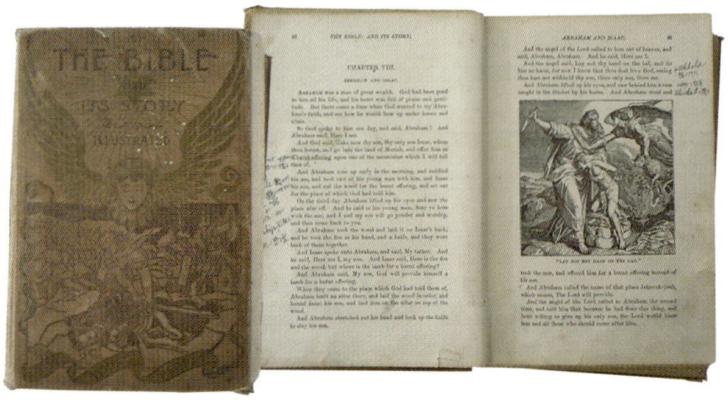

吟子《ぎんこ》の聖書《せいしょ》。吟子《ぎんこ》は30代《だい》なかばでキリスト教《きょう》に入信《にゅうしん》。40歳《さい》の時《とき》に若《わか》き伝道者《でんどうしゃ》、志方之善《しかたゆきよし》と再婚《さいこん》した。志方《しかた》の北海道《ほっかいどう》での活動《かつどう》を支《ささ》えるために、吟子《ぎんこ》も後《あと》から北海道《ほっかいどう》にわたった。

吟子《ぎんこ》のハンドバッグ。北海道《ほっかいどう》で知《し》りあいにゆずったもの。

＊http://www.town.setana.lg.jp/ogino/article43.html，2015年《ねん》10月《がつ》23日《にち》アクセス．

吉岡彌生《よしおかやよい》

医師《いし》・教育者《きょういくしゃ》　1871-1959年《ねん》／日本《にほん》（静岡出身《しずおかしゅっしん》）

世界《せかい》でもめずらしい 女性《じょせい》のための医科大学《いかだいがく》を設立《せつりつ》した教育者《きょういくしゃ》

東京女医学校《とうきょうじょいがっこう》をつくったころの彌生《やよい》。29歳《さい》という若《わか》さだった。

至誠一貫《しせいいっかん》

〔相手《あいて》の立場《たちば》に立《た》ち、
真心《まごころ》をもって一生《いっしょう》を生《い》きていく〕

（出典《しゅってん》：静岡県掛川市《しずおかけんかけがわし》ホームページ「郷土《きょうど》の偉人《いじん》　吉岡彌生《よしおかやよい》」*）

彌生《やよい》はこの言葉《ことば》を大切《たいせつ》にし、つねに「至誠《しせい》」（真心《まごころ》をつくす）を心《こころ》がけ、患者《かんじゃ》に接《せっ》していました。その思《おも》いは彌生《やよい》が設立《せつりつ》した東京女子医科大学《とうきょうじょしいかだいがく》へと引《ひ》きつがれています。

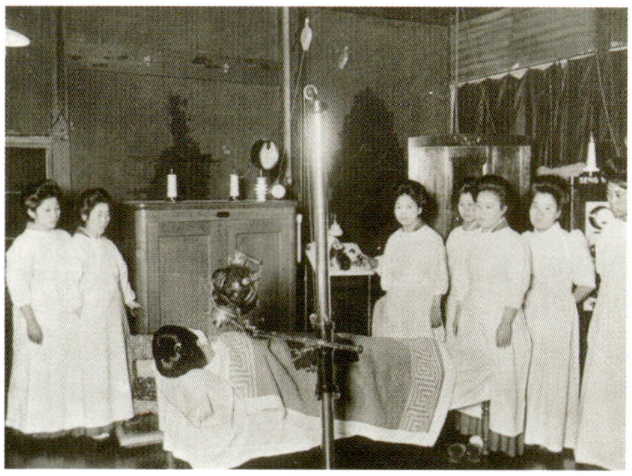

東京女医学校《とうきょうじょいがっこう》は、1912年《ねん》に「東京女子医学専門学校《とうきょうじょしいがくせんもんがっこう》」となった。写真《しゃしん》はレントゲン治療《ちりょう》のようす（1917年《ねん》）。

東京女子医学専門学校《とうきょうじょしいがくせんもんがっこう》の制服《せいふく》（冬服《ふゆふく》）。

女性医師《じょせいいし》を育《そだ》てるために全力《ぜんりょく》をそそぐ

彌生《やよい》は、勉強好《べんきょうず》きで活発《かっぱつ》な、正義感《せいぎかん》の強《つよ》い少女《しょうじょ》でした。18歳《さい》の時《とき》、父《ちち》を説得《せっとく》して、医学校《いがっこう》「済生学舎《さいせいがくしゃ》」に入学《にゅうがく》します。女子《じょし》はめずらしかったので、冷《ひ》やかされたり、いやがらせを受《う》けたりしましたが、彌生《やよい》はけんめいに学《まな》び、1892年《ねん》に日本《にほん》で27番目《ばんめ》の女性医師《じょせいいし》になりました。

結婚《けっこん》し、東京至誠医院《とうきょうしせいいいん》を開業《かいぎょう》していた彌生《やよい》は、母校《ぼこう》の済生学舎《さいせいがくしゃ》が女子《じょし》の受《う》け入《い》れを取《と》りやめたことを耳《みみ》にします。「女性《じょせい》の、医学《いがく》への道《みち》を絶《た》ってはいけない」。強《つよ》い使命感《しめいかん》に燃《も》えた彌生《やよい》は、夫《おっと》とともに東《とう》京女医学校《きょうじょいがっこう》を設立《せつりつ》しました。このとき、彌生《やよい》は29歳《さい》。自分《じぶん》の医院《いいん》の一室《いっしつ》を教室《きょうしつ》に、生徒《せいと》4人《にん》だけのスタートでしたが、少《すこ》しずつ学校《がっこう》の形《かたち》を整《ととの》え、1912年《ねん》に「東京女子《とうきょうじょし》医学専門学校《いがくせんもんがっこう》」へと昇格《しょうかく》を果《は》たしました。

戦後《せんご》は、女性《じょせい》のための医大《いだい》の誕生《たんじょう》をめざして働《はたら》きます。1952年《ねん》、81歳《さい》のときに、ついに念願《ねんがん》だった東京女子医科大学《とうきょうじょしいかだいがく》が開校《かいこう》しました。女子《じょし》の医学教育《いがくきょういく》を確立《かくりつ》し、女性《じょせい》の地位《ちい》を高《たか》めることに全力《ぜんりょく》をつくした生《しょう》がいでした。

＊http://www.city.kakegawa.shizuoka.jp/life/gakusyubunka/kyodoijin/y_yayoi/index.html
2015年《ねん》11月《がつ》17日《にち》アクセス．

香《か》川《がわ》綾《あや》

医師《いし》・栄養学者《えいようがくしゃ》　1899-1997年《ねん》／日本《にほん》(和歌山出身《わかやましゅっしん》)

「病気《びょうき》の予防《よぼう》」にめざめ、医師《いし》から転身《てんしん》
栄養学《えいようがく》と健康的《けんこうてき》な料理法《りょうりほう》を広《ひろ》めるために工夫《くふう》し続《つづ》けた

実習《じっしゅう》の指導《しどう》をする60歳《さい》ごろの綾《あや》。

> 栄養改善《えいようかいぜん》に
> 取《と》り組《く》むのは、
> 病気《びょうき》を予防《よぼう》する
> 医者《いしゃ》の使命《しめい》

(出典《しゅってん》:『香川綾《かがわあや》　栄養学《えいようがく》と私《わたくし》の半世紀《はんせいき》(人間《にんげん》の記録《きろく》52)』日本図書《にほんとしょ》センター)

病気《びょうき》を治《なお》すよりも、むしろ病気《びょうき》にならないよう予防《よぼう》する医者《いしゃ》になろう。医師《いし》だった綾《あや》は、栄養学《えいようがく》を一生《いっしょう》の仕事《しごと》にしようと決意《けつい》し、栄養学《えいようがく》の知識《ちしき》を広《ひろ》めるためにさまざまな工夫《くふう》を始《はじ》めます。

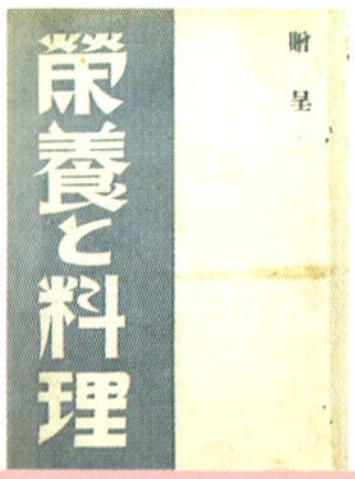

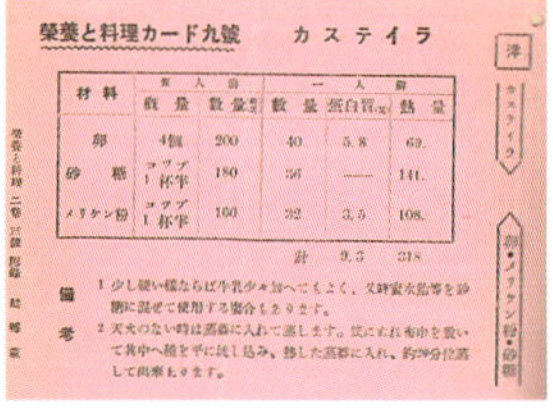

雑誌《ざっし》『栄養《えいよう》と料理《りょうり》』。創刊号《そうかんごう》(右《みぎ》上《うえ》)と当時《とうじ》の「栄養《えいよう》と料理《りょうり》カード」(右下《みぎした》)、近年《きんねん》の号《ごう》(上《うえ》)。

栄養学《えいようがく》とおいしい料理《りょうり》で すべての人《ひと》を健康《けんこう》に

栄養学《えいようがく》の大切《たいせつ》さがほとんど知《し》られていなかった昭和《しょうわ》の初《はじ》め、正《ただ》しい食生活《しょくせいかつ》が病気《びょうき》を防《ふせ》ぐという信念《しんねん》のもと、綾《あや》は手探《てさぐ》りで栄養学《えいようがく》の研究《けんきゅう》と、それを広《ひろ》める工夫《くふう》を始《はじ》めました。だれでも健康的《けんこうてき》でおいしい料理《りょうり》がつくれるようにと、綾《あや》は調理《ちょうり》の手順《てじゅん》を数値《すうち》で表《あらわ》し、栄養学《えいようがく》を人々《ひとびと》の生活《せいかつ》に生《い》かすための活動《かつどう》を続《つづ》けました。今《いま》は料理《りょうり》の手順《てじゅん》を書《か》いたレシピを見《み》れば、だれでもおいしい料理《りょうり》がつくれますが、そのレシピに登場《とうじょう》する計量《けいりょう》カップ、計量《けいりょう》スプーンを考案《こうあん》し、広《ひろ》めたのも綾《あや》でした。

また、栄養学《えいようがく》の知識《ちしき》をより広《ひろ》く伝《つた》えるために、綾《あや》は現在《げんざい》の女子栄養大学《じょしえいようだいがく》をつくり、雑誌《ざっし》『栄養《えいよう》と料理《りょうり》』を創刊《そうかん》しました。医学《いがく》と栄養学《えいようがく》を料理《りょうり》によって結《むす》びつけ、人々《ひとびと》の健康《けんこう》のためにささげた人生《じんせい》でした。

現在《げんざい》の女子栄養大学《じょしえいようだいがく》(駒込校舎《こまごめこうしゃ》)。前身《ぜんしん》となった「家庭食養研究会《かていしょくようけんきゅうかい》」は、綾《あや》が34歳《さい》の時《とき》につくったもの。

14歳《さい》 母《はは》の死《し》で医学《いがく》をめざす

和歌山県《わかやまけん》で生《う》まれた綾《あや》は、幼《おさな》いころ、母《はは》が料理《りょうり》を作《つく》っている姿《すがた》を「手品《てじな》みたい」とうっとりながめていました。14歳《さい》の時《とき》、その母《はは》が肺炎《はいえん》でとつぜん亡《な》くなったことで、綾《あや》は医師《いし》になることを決意《けつい》します。反対《はんたい》する父《ちち》をなんとか説得《せっとく》して、22歳《さい》で東京女子医学専門学校《とうきょうじょしいがくせんもんがっこう》（→p.7）に入学《にゅうがく》。卒業後《そつぎょうご》は東京帝国大学医学部《とうきょうていこくだいがくいがくぶ》の島薗《しまぞの》内科学教室《ないかがくきょうしつ》で働《はたら》き始《はじ》めました。

20歳《さい》ごろの綾《あや》。

27~31歳《さい》ごろ 栄養学《えいようがく》にめざめる

ビタミンB_1《ビーワン》不足《ぶそく》による脚気《かっけ》の治療《ちりょう》のために、綾《あや》は食事《しょくじ》について研究《けんきゅう》し、それを病院給食《びょういんきゅうしょく》に取《と》り入《い》れました。白米《はくまい》を胚芽米《はいがまい》にかえただけで患者《かんじゃ》がめざましく回復《かいふく》する姿《すがた》を見《み》て綾《あや》はおどろき、感動《かんどう》します。正《ただ》しい栄養知識《えいようちしき》を広《ひろ》め、病気《びょうき》を予防《よぼう》することが自分《じぶん》の使命《しめい》ではないかと考《かんが》え始《はじ》めた綾《あや》は、だれもが健康的《けんこうてき》な料理《りょうり》を作《つく》れるように、分量《ぶんりょう》や火加減《ひかげん》、調理時間《ちょうりじかん》、調味料《ちょうみりょう》の割合《わりあい》を数値化《すうちか》することを思《おも》いつきます。

34歳《さい》 夢《ゆめ》に向《む》かって研究会《けんきゅうかい》をスタート

職場《しょくば》の先輩《せんぱい》・香川昇三《かがわしょうぞう》と結婚《けっこん》して長女《ちょうじょ》を授《さず》かったのを機《き》に、医療《いりょう》の現場《げんば》からしりぞいた綾《あや》は、夫《おっと》とともに自宅《じたく》で「家庭食養研究会《かていしょくようけんきゅうかい》」をスタートさせました。研究会《けんきゅうかい》の参加者《さんかしゃ》に栄養学《えいようがく》の知識《ちしき》や料理《りょうり》を教《おし》え、それを紙《かみ》に印刷《いんさつ》して配《くば》っていましたが、1935年《ねん》からは『栄養《えいよう》と料理《りょうり》』という雑誌《ざっし》として毎月発行《まいつきはっこう》することになりました。

1950年代《ねんだい》～1960年代《ねんだい》の『栄養《えいよう》と料理《りょうり》』

脚気《かっけ》とビタミンB_1《ビーワン》

脚気《かっけ》とは、体《からだ》がだるくなり、手足《てあし》のむくみやしびれが出《で》て、やがて心臓《しんぞう》が弱《よわ》ってしまう病気《びょうき》です。江戸時代《えどじだい》にも大流行《だいりゅうこう》し、明治時代《めいじじだい》になっても年間《ねんかん》2万人《まんにん》が亡《な》くなっていました。後《のち》にビタミンB_1《ビーワン》の不足《ふそく》が原因《げんいん》とわかり、綾《あや》の恩師《おんし》・島薗医師《しまぞのいし》と、島薗《しまぞの》の弟子《でし》・香川昇三《かがわしょうぞう》は、その治療《ちりょう》と研究《けんきゅう》を行《おこな》っていました。

ビタミンB_1《ビーワン》は米《こめ》ぬか、胚芽《はいが》、豚肉《ぶたにく》、レバーなどに多《おお》くふくまれている。白米《はくまい》は胚芽《はいが》を取《と》りのぞいた米《こめ》。

[料理《りょうり》を数値《すうち》で表《あらわ》し、だれでも作《つく》れるように]

計量《けいりょう》カップと計量《けいりょう》スプーン

『栄養《えいよう》と料理《りょうり》』創刊時《そうかんじ》の特《とく》ちょうの1つは、ふろくの「栄養《えいよう》と料理《りょうり》カード」(p.8)にありました。それまでの日本料理《にほんりょうり》の教《おし》え方《かた》は、「ほどほどに加《くわ》えて、よい味《あじ》にする」のような、あいまいなものでしたが、綾《あや》は一流《いちりゅう》の料理人《りょうりにん》に料理《りょうり》を作《つく》ってもらい、その手順《てじゅん》や材料《ざいりょう》の量《りょう》を、時計《とけい》やメスシリンダー、温度計《おんどけい》を使《つか》って正確《せいかく》にはかり、記録《きろく》し、自分《じぶん》でも作《つく》って確《たし》かめ、それをカードにまとめたのです。

戦後《せんご》、綾《あや》は計量《けいりょう》カップと計量《けいりょう》スプーンを考案《こうあん》し、広《ひろ》めました。料理《りょうり》の手順《てじゅん》や材料《ざいりょう》を数値《すうち》で表《あらわ》すことを通《つう》じて、綾《あや》は、だれでも同《おな》じ料理《りょうり》を再現《さいげん》できるようにすることに成功《せいこう》したのです。

62歳《さい》 女子栄養大学《じょしえいようだいがく》を創設《そうせつ》

1940年《ねん》、家庭食養研究会《かていしょくようけんきゅうかい》は「女子栄養学園《じょしえいようがくえん》」と名前《なまえ》を改《あらた》め、全国《ぜんこく》から学生《がくせい》が集《あつ》まるようになりました。しかし、戦争中《せんそうちゅう》に学園《がくえん》は空襲《くうしゅう》で焼《や》けてしまい、さらに夫《おっと》も病気《びょうき》で失《うしな》います。深《ふか》い悲《かな》しみのなかにありながら、それでも綾《あや》は、全力《ぜんりょく》で学園《がくえん》を立《た》て直《なお》しました。そして1950年《ねん》には「女子栄養短期大学《じょしえいようたんきだいがく》」を、1961年《ねん》には長年《ながねん》の夢《ゆめ》だった「女子栄養大学《じょしえいようだいがく》」を設立《せつりつ》しました。

井《い》深《ぶか》八《や》重《え》

看護師《かんごし》 ●1897-1989年《ねん》／日本《にほん》

患者《かんじゃ》から「母《はは》にもまさる母《はは》」としたわれ、世界《せかい》からも認《みと》められた看護師《かんごし》

20代《だい》の八重《やえ》。ハンセン病療養所《びょうりょうようじょ》に入所《にゅうしょ》するころかと思《おも》われる。

もし許《ゆる》されるなら、ここに止《とど》まって働《はたら》きたい

（出典《しゅってん》：牧野《まきの》登《のぼる》 編《へん》『人間《にんげん》の碑《いしぶみ》』井深《いぶか》八重《やえ》顕彰《けんしょう》記念会《きねんかい》）

ハンセン病《びょう》の患者《かんじゃ》たちのために一生《いっしょう》をささげようと決《き》めた時《とき》の、八重《やえ》の言葉《ことば》です。ハンセン病《びょう》と診断《しんだん》され、入院《にゅういん》していた八重《やえ》ですが、後《のち》に誤診《ごしん》とわかり、院長《いんちょう》から退院《たいいん》をうながされた時《とき》、きっぱりとこう答《こた》えたのです。

ハンセン病患者《びょうかんじゃ》とともに歩《あゆ》んだ日本《にほん》の天使《てんし》

22歳《さい》でハンセン病《びょう》を疑《うたが》われて入院《にゅういん》したことがきっかけで、八重《やえ》はハンセン病患者《びょうかんじゃ》の看護《かんご》に生《しょう》がいをささげました。患者《かんじゃ》から「母《はは》にもまさる母《はは》」としたわれた八重《やえ》の姿《すがた》は、差別《さべつ》と戦《たたか》い続《つづ》けたハンセン病《びょう》の歴史《れきし》に光《ひかり》をともすものでした。

八重《やえ》のけん身的《しんてき》な看護《かんご》は、やがて世界《せかい》に認《みと》められていきます。1959年《ねん》にはローマ法王《ほうおう》ヨハネ23世《せい》から聖十字《せいじゅうじ》くん章《しょう》を、1961年《ねん》には国際赤十字《こくさいせきじゅうじ》から看護師《かんごし》として最高《さいこう》の栄誉《えいよ》であるフローレンス・ナイチンゲール記章《きしょう》をおくられています。アメリカの有名《ゆうめい》な雑誌《ざっし》『タイム』では、「マザー・テレサに続《つづ》く日本《にほん》の天使《てんし》」としょうかいされました。

八重《やえ》の書《しょ》「一粒《ひとつぶ》の麦《むぎ》」

キリスト教《きょう》を信仰《しんこう》していた八重《やえ》の書《しょ》。「一粒《ひとつぶ》の麦《むぎ》は、地《ち》に落《お》ちて死《し》ぬことで豊《ゆた》かに実《み》を結《むす》ぶ」という意味《いみ》の聖書《せいしょ》の言葉《ことば》からとられている。

ハンセン病《びょう》とは？

「らい菌《きん》」という菌《きん》による感染症《かんせんしょう》です。初期《しょき》には皮《ひ》ふに発疹《ほっしん》が出《で》て、知覚《ちかく》のまひが起《お》こりますが、現在《げんざい》はよくきく薬《くすり》があるので、ほとんど重症化《じゅうしょうか》することなく治《なお》ります。感染力《かんせんりょく》が弱《よわ》いこともわかっています。

しかし、かつては「らい病《びょう》」とよばれ、よい薬《くすり》が見《み》つかるまでは、重症《じゅうしょう》になって顔《かお》や体《からだ》が変形《へんけい》してしまった人《ひと》もいました。そして、感染力《かんせんりょく》の強《つよ》い、おそろしい遺伝病《いでんびょう》だと誤解《ごかい》されていました。こうしたまちがった考《かんが》え方《かた》は、ひどい差別《さべつ》につながりました。さらに「らい予防法《よぼうほう》」によって、患者《かんじゃ》を療養所《りょうようじょ》に強制的《きょうせいてき》に隔離《かくり》する（他《ほか》の人《ひと》と引《ひ》きはなしてとじこめる）政策《せいさく》がとられたため、患者《かんじゃ》は家族《かぞく》とも縁《えん》を切《き》り、一生療養所《いっしょうりょうようじょ》の中《なか》で生活《せいかつ》しなければなりませんでした。日本《にほん》でこの法律《ほうりつ》がなくなったのは、かなりおそく、1996年《ねん》のことです。

神山復生病院《こうやまふくせいびょういん》（静岡県《しずおかけん》）

八重《やえ》が看護師《かんごし》として働《はたら》いた病院《びょういん》。かつてハンセン病《びょう》はさまざまに誤解《ごかい》されていたため、患者《かんじゃ》は病院《びょういん》の中《なか》で一生《いっしょう》をすごさなければならなかった。

子《こ》ども時代《じだい》 名家《めいか》に生《う》まれる

　旧会津藩《きゅうあいづはん》の家老《かろう》の家柄《いえがら》に生《う》まれました。7歳《さい》のころに両親《りょうしん》が離婚《りこん》し、明治学院学長《めいじがくいんがくちょう》だった伯父《おじ》の井深梶之助《いぶかかじのすけ》のもとにあずけられます。八重《やえ》はそこで家族《かぞく》の一員《いちいん》のように育《そだ》てられました。

同志社女学校時代《どうししゃじょがっこうじだい》の八重《やえ》。

22歳《さい》 ハンセン病《びょう》の疑《うたが》い、入院《にゅういん》

　1919年《ねん》、英語《えいご》の教師《きょうし》として長崎《ながさき》で働《はたら》いていた八重《やえ》の体《からだ》に、異変《いへん》が現《あらわ》れました。はだに赤《あか》いふき出物《でもの》のようなはん点《てん》が、いくつも出《で》てきたのです。病院《びょういん》での検査《けんさ》の結果《けっか》、「ハンセン病《びょう》の疑《うたが》いあり」と診断《しんだん》され、ハンセン病専門《びょうせんもん》の神山復生病院《こうやまふくせいびょういん》（静岡県《しずおかけん》）に入院《にゅういん》させられました。八重《やえ》は絶望《ぜつぼう》し、毎日《まいにち》泣《な》き続《つづ》けました。すべてを断《た》ち切《き》るため、名前《なまえ》もすてて「堀清子《ほりきよこ》」と名《な》のりました。

25歳《さい》 この病院《びょういん》にとどまりたい

　神山復生病院《こうやまふくせいびょういん》には、医師《いし》は院長《いんちょう》のレゼー神父《しんぷ》1人《ひとり》だけで、看護師《かんごし》もいませんでした。軽症《けいしょう》だった八重《やえ》は神父《しんぷ》を手伝《てつだ》い、患者《かんじゃ》の世話《せわ》をするようになりました。ハンセン病《びょう》への差別《さべつ》が激《はげ》しい時代《じだい》でありながら、患者《かんじゃ》のためにけん身的《しんてき》につくす神父《しんぷ》の姿《すがた》に、八重《やえ》は心《こころ》を打《う》たれます。25歳《さい》の時《とき》、3年前《ねんまえ》の診断《しんだん》は誤《あやま》りで、ハンセン病《びょう》ではなかったことがわかりますが、八重《やえ》はこの病院《びょういん》にとどまり、病人《びょうにん》たちの世話《せわ》を続《つづ》けることに決《き》めました。

当時《とうじ》、病院《びょういん》のただ1人《ひとり》の医師《いし》だったレゼー神父《しんぷ》。フランスの貴族《きぞく》の出身《しゅっしん》で、1873年《ねん》、24歳《さい》の時《とき》に宣教師《せんきょうし》として来日《らいにち》した。

26歳《さい》 神山復生病院《こうやまふくせいびょういん》の看護師《かんごし》となる

　東京《とうきょう》の日本看護婦学校速成科《にほんかんごふがっこうそくせいか》で看護師《かんごし》の資格《しかく》をとった八《や》重《え》は、神山復生病院《こうやまふくせいびょういん》で働《はたら》き始《はじ》めます。たった1人《ひとり》の看護師《かんごし》として、患者《かんじゃ》の看護《かんご》のほか、うみのついた衣類《いるい》や包帯《ほうたい》の洗《せん》たく、食事《しょくじ》の世話《せわ》、畑仕事《はたけしごと》、病院《びょういん》の経理《けいり》など、なんでもしました。以後《いご》60年間《ねんかん》、八重《やえ》は患《かん》者《じゃ》たちに寄《よ》りそい、つくしました。

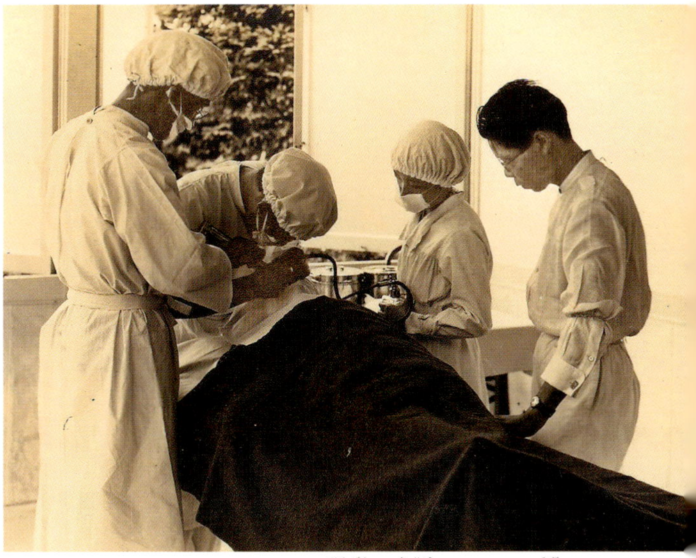

戦前《せんぜん》の治療《ちりょう》のようす。右《みぎ》から2人目《りめ》の小柄《こがら》な女性《じょせい》が八重《やえ》。

八重《やえ》におくられた、くん章《しょう》や記章《きしょう》。国際赤十字委員会《こくさいせきじゅうじいいんかい》から「フローレンス・ナイチンゲール記章《きしょう》」（左上《ひだりうえ》）をおくられたほか、国内外《こくないがい》から何度《なんど》も表《ひょう》しょうされている。

神谷美恵子《かみやみえこ》

精神科医《せいしんかい》・作家《さっか》　1914-1979年《ねん》／日本《にほん》

生《い》きることの苦《くる》しみに向《む》き合《あ》い、考《かんが》えを深《ふか》め 医療《いりょう》と執筆《しっぴつ》に力《ちから》をそそいだ精神科医《せいしんかい》

52歳《さい》の美恵子《みえこ》。イギリスの作家《さっか》ヴァージニア・ウルフに関《かん》する本《ほん》を書《か》くため、その遺族《いぞく》を訪《たず》ねていた時期《じき》の写真《しゃしん》。

苦《くる》しむ人《ひと》、
悲《かな》しむ人《ひと》のところにしか
私《わたし》の居《い》どころはない、
とすぐさま
思《おも》いさだめてしまった。

（出典《しゅってん》：神谷美恵子《かみやみえこ》コレクション『遍歴《へんれき》』みすず書房《しょぼう》）

19歳《さい》の時《とき》、叔父《おじ》とともにハンセン病療養所《びょうりょうようじょ》を訪《おとず》れた美恵子《みえこ》は、初《はじ》めて見《み》る患者《かんじゃ》の姿《すがた》に大《おお》きなショックを受《う》けました。その時《とき》、美恵子《みえこ》は、自分《じぶん》が歩《あゆ》むべき道《みち》をさとったのです。でも、その道《みち》に進《すす》むまでには、長《なが》い時間《じかん》が必要《ひつよう》でした。

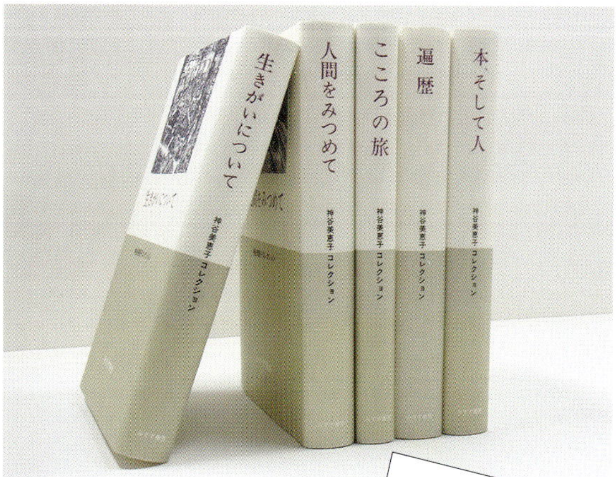

著作《ちょさく》の数々《かずかず》。人間《にんげん》についての深《ふか》い考察《こうさつ》を表《あらわ》した随筆《ずいひつ》と、ほん訳《やく》を多数手《たすうて》がけている。
（写真提供《しゃしんていきょう》：みすず書房《しょぼう》）

精神科医《せいしんかい》として、人間《にんげん》として ハンセン病患者《びょうかんじゃ》に寄《よ》りそう

1944年《ねん》、30歳《さい》の美恵子《みえこ》は、東京帝国大学《とうきょうていこくだいがく》の精神科医局《せいしんかいきょく》で精神科医《せいしんかい》として歩《あゆ》み始《はじ》めます。戦後《せんご》は、高《たか》い語学力《ごがくりょく》でGHQ《ジーエイチキュー》*との交《こう》しょうや通訳《つうやく》、ほん訳《やく》の仕事《しごと》にも関《かか》わりました。しかし、「ハンセン病《びょう》の患者《かんじゃ》につくしたい」という若《わか》いころからの思《おも》いは、美恵子《みえこ》の心《こころ》から消《き》えることはありませんでした。

43歳《さい》の時《とき》、美恵子《みえこ》はハンセン病療養所《びょうりょうようじょ》・長島愛生園《ながしまあいせいえん》の非常勤職員《ひじょうきんしょくいん》となり、そこではまだ行《おこな》われていなかった、患者《かんじゃ》への精神科医療《せいしんかいりょう》にたずさわるようになります。ハンセン病《びょう》という病気《びょうき》だけでなく、社会《しゃかい》からの差別《さべつ》や、生《い》きることそのものになやみ苦《くる》しむ多《おお》くの患者《かんじゃ》に寄《よ》りそい、ともに苦《くる》しみました。

迷《まよ》いながらも、自分《じぶん》の道《みち》をけんめいに歩《ある》き続《つづ》けた美恵子《みえこ》は、『生《い》きがいについて』や『人間《にんげん》をみつめて』など、数々《かずかず》の著作《ちょさく》を書《か》き残《のこ》しています。

*第二次世界大戦《だいにじせかいたいせん》の戦勝国《せんしょうこく》が、戦争《せんそう》にまけた日本《にほん》のせん領《りょう》を行《おこな》うために置《お》いた機関《きかん》。正式名称《せいしきめいしょう》は連合国軍最高司令官総司令部《れんごうこくぐんさいこうしれいかんそうしれいぶ》。1952年《ねん》に廃止《はいし》された。

少女《しょうじょ》時代《じだい》　ものを書《か》くのが大好《だいす》きな文学少女《ぶんがくしょうじょ》

スイス時代《じだい》の写真《しゃしん》（髪《かみ》かざりの少女《しょうじょ》が美恵子《みえこ》）。帰国後《きこくご》は、編入学《へんにゅうがく》した学校《がっこう》になじめず、不登校《ふとうこう》になったこともあった。そのころから哲学書《てつがくしょ》などを読《よ》むようになった。

美恵子《みえこ》は、子《こ》どものころからものを書《か》くことが好《す》きでした。多《おお》くの本《ほん》を読《よ》み、文学《ぶんがく》への強《つよ》い思《おも》いを、この後《あと》も生《しょう》がいもち続《つづ》けました。心《こころ》の問題《もんだい》にも関心《かんしん》が強《つよ》く、哲学《てつがく》や心理学《しんりがく》の本《ほん》も読《よ》んでいました。

また、父《ちち》の仕事《しごと》の都合《つごう》で9歳《さい》から12歳《さい》までをスイスですごした美恵子《みえこ》は、大人《おとな》になってもものを考《かんが》える時《とき》にはフランス語《ご》のほうが楽《らく》だったといいます。

19歳《さい》　ハンセン病患者《びょうかんじゃ》との初《はじ》めての出会《であ》い

津田英学塾《つだえいがくじゅく》（現在《げんざい》の津田塾大学《つだじゅくだいがく》）本科《ほんか》に入学《にゅうがく》した翌年《よくねん》のことでした。美恵子《みえこ》はキリスト教《きょう》の伝道師《でんどうし》だった叔父《おじ》に讃美歌《さんびか》のオルガンばん奏《そう》をたのまれ、ハンセン病療養所《びょうりょうようじょ》・多磨全生園《たまぜんしょうえん》を訪《おとず》れました。この時《とき》、患者《かんじゃ》の姿《すがた》に大《おお》きなショックを受《う》けた美恵子《みえこ》は、医師《いし》になって患者《かんじゃ》につくしたいと強《つよ》く思《おも》います。しかし、親《おや》や先生《せんせい》に反対《はんたい》され、医学系《いがくけい》の学校《がっこう》には進《すす》めませんでした。

[肺結核《はいけっかく》になり、不安《ふあん》なままの歳月《さいげつ》]

21歳《さい》の時《とき》、当時《とうじ》は死《し》の病《やまい》とされていた肺結核《はいけっかく》をわずらいます。幸《さいわ》い回復《かいふく》しましたが、医師《いし》から「5年間《ねんかん》は結婚《けっこん》をしないように」と言《い》われます。5年《ねん》の間《あいだ》は、まだ病気《びょうき》が再発《さいはつ》するおそれがあったのです。美恵子《みえこ》は不安《ふあん》な5年《ねん》をすごしながらも、やはり医学《いがく》の道《みち》に進《すす》もうと決《き》めます。

軽井沢《かるいざわ》で結核療養中《けっかくりょうようちゅう》の美恵子《みえこ》（1935年《ねん》）。

25歳《さい》　医学《いがく》の道《みち》をめざして

ハンセン病《びょう》の療養所《りょうようじょ》には行《い》かないという条件《じょうけん》で、医学《いがく》を学《まな》ぶことを父《ちち》から許《ゆる》された美恵子《みえこ》は、1939年《ねん》にコロンビア大学《だいがく》の医学《いがく》コースに学《まな》び、1941年《ねん》には東京女子医学専門学校《とうきょうじょしいがくせんもんがっこう》に入《はい》りました。一方《いっぽう》で、ものを書《か》きたいという気持《きも》ちをおさえられず、医学《いがく》との両立《りょうりつ》になやみます。美恵子《みえこ》が最終的《さいしゅうてき》に選《えら》んだのは、人《ひと》の心《こころ》の病《やまい》をみる、精神科医《せいしんかい》の道《みち》でした。

[医学《いがく》か、文学《ぶんがく》か？]

医学専門学校時代《いがくせんもんがっこうじだい》の学友《がくゆう》は、美恵子《みえこ》が真剣《しんけん》に文学《ぶんがく》と医学《いがく》の両立《りょうりつ》になやんでいたと言《い》います。この問題《もんだい》は生《しょう》がい、美恵子《みえこ》をなやませました。晩年《ばんねん》は、病気《びょうき》がちになったため、自分《じぶん》の時間《じかん》を文章《ぶんしょう》による「表現《ひょうげん》」だけに使《つか》うことにしました。

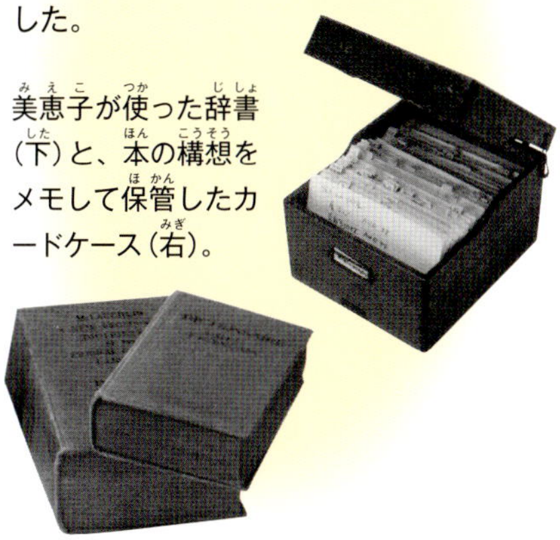

美恵子《みえこ》が使《つか》った辞書《じしょ》（下《した》）と、本《ほん》の構想《こうそう》をメモして保管《ほかん》したカードケース（右《みぎ》）。

43歳《さい》　ハンセン病療養所《びょうりょうようじょ》の精神科医《せいしんかい》になる

結婚《けっこん》して２児《じ》の母《はは》になっていた美恵子《みえこ》は、とうとうハンセン病《びょう》をテーマにした研究《けんきゅう》を行《おこな》うことに決《き》めました。瀬戸内海《せとないかい》の島《しま》にある長島愛生園《ながしまあいせいえん》で、患者《かんじゃ》の精神医学的《せいしんいがくてき》な調査《ちょうさ》を行《おこな》うのです。そして、生《い》きがいをもてず苦《くる》しむ患者《かんじゃ》の声《こえ》も、生《い》きがいをもつ患者《かんじゃ》の声《こえ》も、誠実《せいじつ》に聞《き》きとっていきました。

著書《ちょしょ》『生《い》きがいについて』の構想《こうそう》は、こうして患者《かんじゃ》と向《む》き合《あ》う日々《ひび》のなかで生《う》まれました。そして、

長島愛生園《ながしまあいせいえん》（岡山県《おかやまけん》）

美恵子《みえこ》は、兵庫《ひょうご》の自宅《じたく》から5時間以上《じかんいじょう》かけて、月《つき》に2度《ど》ほどここに通《かよ》い、患者《かんじゃ》の心《こころ》に寄《よ》りそった。

今度《こんど》こそ長島愛生園《ながしまあいせいえん》で、ハンセン病患者《びょうかんじゃ》の診療《しんりょう》をすることを決意《けつい》します。1965年《ねん》には、精神科医長《せいしんかいちょう》となりました。こうした長島愛生園《ながしまあいせいえん》での日々《ひび》は、15年間《ねんかん》におよびました。

フローレンス・ナイチンゲール

看護師《かんごし》・統計学者《とうけいがくしゃ》　1820-1910年《ねん》／イギリス

観察力《かんさつりょく》と統計学《とうけいがく》、実行力《じっこうりょく》で看護《かんご》を変《か》えた「クリミアの天使《てんし》」

30代後半《だいこうはん》のフローレンス。背《せ》が高《たか》くすらりとした女性《じょせい》で、ふし目《め》がちの灰色《はいいろ》のひとみは、熱意《ねつい》をもって話《はな》す時《とき》には明《あか》るくかがやいたという。

諦《あきら》めなどという言葉《ことば》は私《わたし》の辞書《じしょ》にはない

（出典《しゅってん》：セシル・ウーダム-スミス『フロレンス・ナイチンゲールの生涯《しょうがい》』上巻《じょうかん》　武山満智子《たけやままちこ》ほか訳《やく》　現代社《げんだいしゃ》）

フローレンスは、看護《かんご》の道《みち》を選《えら》ぶ時《とき》にも、戦場《せんじょう》の病院《びょういん》で看護《かんご》を行《おこな》う時《とき》にも、たいへんな困難《こんなん》にあいました。しかし、けっしてあきらめず、また、あきらめずにすむ方法《ほうほう》を考《かんが》えては行動《こうどう》していったのです。

[クリミア戦争《せんそう》のころのヨーロッパ]
クリミア半島《はんとう》が主戦場《しゅせんじょう》で、フローレンスが活《かつ》やくしたスクタリは後方基地《こうほうきち》。ロシアとオスマン帝国《ていこく》の戦争《せんそう》だが、イギリスとフランスはオスマン帝国《ていこく》の味方《みかた》をして戦《たたか》った。

戦場《せんじょう》の看護者《かんごしゃ》として活《かつ》やく、新《あたら》しい看護《かんご》とその教育《きょういく》を進《すす》めた

ヴィクトリア朝《ちょう》のイギリスで、上流階級《じょうりゅうかいきゅう》の家《いえ》に生《う》まれたフローレンスは、ぜいたくなパーティや家《いえ》のなかの生活《せいかつ》だけでは満足《まんぞく》できませんでした。神様《かみさま》から自分《じぶん》にあたえられた使命《しめい》があるはずだとなやみ続《つづ》け、やがて「看護者《かんごしゃ》として働《はたら》く」ことが自分《じぶん》の使命《しめい》だと思《おも》い始《はじ》めます。家族《かぞく》からは大反《だいはん》対《たい》されますが、９年間《ねんかん》、あきらめずに情報《じょうほう》を集《あつ》め、家族《かぞく》の許《ゆる》しを待《ま》ち、やっと看護学校《かんごがっこう》に入《はい》ることができました。

1853年《ねん》、クリミア戦争《せんそう》が始《はじ》まり、フローレンスは戦場《せんじょう》の兵士《へいし》を看護《かんご》する仕事《しごと》につきました。熱心《ねっしん》に看護《かんご》をほどこしながら、当時《とうじ》としては画期《かっき》的《てき》な、病室《びょうしつ》の環境改革《かんきょうかいかく》をして、兵士《へいし》たちの信頼《しんらい》を集《あつ》めます。そして、イギリス国民《こくみん》からも熱狂的《ねっきょうてき》に支持《しじ》されたのでした。

帰国後《きこくご》も、看護学校《かんごがっこう》の設立《せつりつ》や教育方法《きょういくほうほう》の整備《せいび》、病院《びょういん》の環《かん》境改革《きょうかいかく》などに取《と》り組《く》み、世《よ》のなかに大《おお》きなえいきょうをあたえ続《つづ》けました。

ロンドンの聖《せい》トマス病院《びょういん》につくられた「ナイチンゲール病棟《びょうとう》」。明《あか》るく風通《かぜとお》しのよい病室《びょうしつ》、ベッド１つあたりの空間《くうかん》の広《ひろ》さなど、フローレンスの提案《ていあん》を取《と》り入《い》れている。

16歳《さい》 神様《かみさま》からあたえられた使命《しめい》は……

イギリス貴族《きぞく》の家《いえ》に生《う》まれたフローレンスは、数学《すうがく》や歴《れき》史《し》などの勉強《べんきょう》が得意《とくい》な少女《しょうじょ》でした。細《こま》かなことに気《き》づきやすく、神経質《しんけいしつ》なところがあり、夢想《むそう》にふけるくせもありました。

キリスト教《きょう》の信仰《しんこう》をもっていたフローレンスは、16歳《さい》の時《とき》、「神《かみ》が『我《われ》に仕《つか》えよ』と語《かた》りかけられた」と日記《にっき》に書《か》いています。でも、どうやって神様《かみさま》に仕《つか》えたらよいのかは、まだはっきりとしていませんでした。

22歳《さい》 「貧《まず》しい病人《びょうにん》を救《すく》う」という道《みち》

22歳《さい》の夏《なつ》のある日《ひ》でした。領地《りょうち》の貧《まず》しい農民《のうみん》たちを見《み》舞《ま》った時《とき》に、フローレンスは自分《じぶん》の使命《しめい》が「貧《まず》しさや病気《びょうき》に苦《くる》しむ人《ひと》を救《すく》うこと」にあると思《おも》い定《さだ》めたのです。そして知《し》りあいの男爵《だんしゃく》から、ドイツのカイザースベルト病院《びょういん》に看護学校《かんごがっこう》があることを聞《き》き、そこで勉強《べんきょう》したいと考《かんが》えます。

しかし、家族《かぞく》からは、もうれつな反対《はんたい》を受《う》けました。当《とう》時《じ》、看護《かんご》はいやしい仕事《しごと》とされていたのです。

「社交界《しゃこうかい》でかがやきわたりたい」

10代《だい》で社交界《しゃこうかい》にデビューしたフローレンスは、美《うつく》しさとかしこさ、はつらつとした人柄《ひとがら》で人気《にんき》がありました。熱心《ねっしん》な求婚者《きゅうこんしゃ》も現《あらわ》れますが、フローレンスは断《ことわ》り、自分《じぶん》の使命《しめい》についてなやみ続《つづ》けていました。日記《にっき》には、自分《じぶん》の使命《しめい》をじゃまするものとして「社交界《しゃこうかい》でかがやきわたりたいという誘惑《ゆうわく》があった」と書《か》いています。

今《いま》とはちがった、看護《かんご》のイメージ

当時《とうじ》、看護《かんご》は病人《びょうにん》の身《み》の回《まわ》りの雑用《ざつよう》をするだけで、特別《とくべつ》な知識《ちしき》も技術《ぎじゅつ》も必要《ひつよう》としない仕事《しごと》と思《おも》われていました。そのうえ、病院《びょういん》で酒《さけ》を飲《の》む者《もの》もいて、世間《せけん》の評《ひょう》判《ばん》はよくないものでした。まして貴族《きぞく》の令嬢《れいじょう》がそうした仕事《しごと》につくとは、だれも思《おも》わなかったでしょう。

その後《ご》のフローレンスの活《かつ》やくによって、看護《かんご》のイメージが変《か》わりました。とくにクリミア戦争《せんそう》の後《あと》、貴族《きぞく》の女性《じょせい》の間《あいだ》では看護《かんご》の仕事《しごと》をすることが流行《りゅうこう》のようにまでなりました。

31歳《さい》 9年《ねん》もたえしのび、念願《ねんがん》のカイザースベルトへ

家族《かぞく》の反対《はんたい》の手前《てまえ》、フローレンスはがまんして、母《はは》から任《まか》された家《いえ》の仕事《しごと》などをこなしながら日々《ひび》をすごしました。しかし、ひそかに病院《びょういん》や衛生《えいせい》に関《かん》する資料《しりょう》を集《あつ》め、1人《ひとり》で勉強《べんきょう》し続《つづ》けました。明《あ》け方《がた》、日《ひ》がのぼる前《まえ》に起《お》きて、ろうそくのあかりで勉強《べんきょう》したのです。

少《すこ》しずつ協力者《きょうりょくしゃ》を増《ふ》やし、ついに31歳《さい》の時《とき》、カイザースベルト病院《びょういん》の訪問《ほうもん》を3か月間《げつかん》だけ許《ゆる》されます。その後《あと》はもう家族《かぞく》の許《ゆる》しを待《ま》たずに行動《こうどう》することに決《き》め、カトリック系《けい》の病院《びょういん》に入《はい》って仕事《しごと》を始《はじ》めたのでした。

フローレンスは夜明《よあ》け前《まえ》に起《お》きては、病院《びょういん》や衛《えい》生《せい》に関《かん》するぼう大《だい》な資料《しりょう》をノートにまとめたり、データを一覧表《いちらんひょう》にしたりして勉強《べんきょう》した。

スクタリの病院《びょういん》で見回《みまわ》りをするフローレンスを描《えが》いた、当時《とうじ》の絵画《かいが》。兵士《へいし》たちからは「ランプをもつ貴婦人《きふじん》」とあがめられ、国民《こくみん》からは「クリミアの天使《てんし》」とよばれた。

34歳《さい》 クリミア戦争《せんそう》の後方基地《こうほうきち》で病院《びょういん》を取《と》りしきる

1854年《ねん》、イギリスはクリミア戦争《せんそう》に参戦《さんせん》します。前線《ぜんせん》で傷《きず》ついた兵士《へいし》はスクタリ(→p.14)の病院《びょういん》に送《おく》られていましたが、そこの状況《じょうきょう》を新聞《しんぶん》が報道《ほうどう》すると、国民《こくみん》たちは怒《いか》りにわきました。病院《びょういん》では、物《もの》も人手《ひとで》も足《た》りず、兵士《へいし》たちはろくな看護《かんご》も受《う》けられずにいるというのです。

フローレンスは自分《じぶん》が行《い》かねばと思《おも》い、また政府《せいふ》からもたのまれて、看護団《かんごだん》を率《ひき》い、スクタリに向《む》かいました。スクタリでは医師《いし》たちの反発《はんぱつ》にあいましたが、数々《かずかず》の改革《かいかく》をして現場《げんば》をみごとに取《と》りしきりました。

統計学者《とうけいがくしゃ》でもあったフローレンス

フローレンスは統計学者《とうけいがくしゃ》としても認《みと》められています。当時《とうじ》はまだ、統計《とうけい》をグラフ化《か》することは一般的《いっぱんてき》ではありませんでしたが、スクタリの状況《じょうきょう》をヴィクトリア女王《じょおう》に報告《ほうこく》する際《さい》、独自《どくじ》のグラフを描《えが》いて見《み》せています（下《した》）。その統計《とうけい》からは、戦闘《せんとう》での傷《きず》よりも、衛生状態《えいせいじょうたい》が悪《わる》いために感染症《かんせんしょう》で死《し》んだ兵士《へいし》のほうが多《おお》かったことが、はっきりとわかりました。

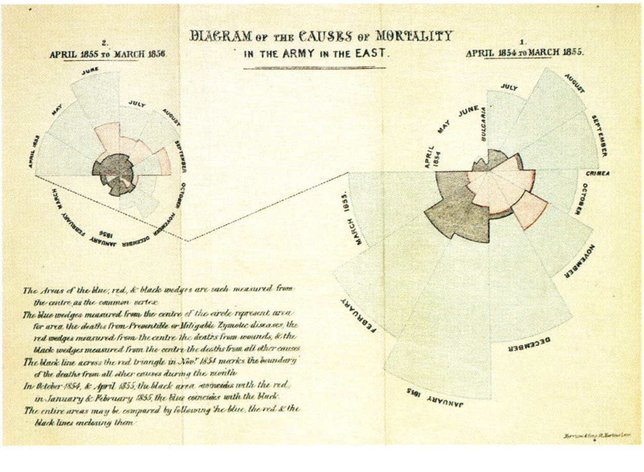

スクタリの病院改革《びょういんかいかく》

フローレンスの改革《かいかく》のうち、おもなものは次《つぎ》のとおり。当時《とうじ》の科学《かがく》では、まだ病原菌《びょうげんきん》の存在《そんざい》は発見《はっけん》されていませんでしたが、観察力《かんさつりょく》と経験的《けいけんてき》なかんで、換気《かんき》や衛生《えいせい》、栄養《えいよう》を重《おも》くみていました。

＊寒《さむ》くて肺炎患者《はいえんかんじゃ》が増《ふ》えるからとしめきられていた窓《まど》を、開《あ》けさせた。これでかえって患者《かんじゃ》が減《へ》った。

＊トイレや床《ゆか》のそうじ、衣類《いるい》の洗《せん》たくがされていなかったため、分担《ぶんたん》を決《き》め、清潔《せいけつ》にした。

＊倉庫《そうこ》で不足《ふそく》している物《もの》を毎日《まいにち》、みずからチェックした。倉庫《そうこ》の品《しな》は、書類《しょるい》による請求《せいきゅう》がなければ医師《いし》にもわたさないようにした。

＊兵士《へいし》に、食《た》べやすく栄養《えいよう》のあるおいしい食事《しょくじ》を出《だ》した。

＊兵士《へいし》のために、読書室《どくしょしつ》とカフェをつくった。

40歳《さい》 スクタリの報告《ほうこく》をまとめる 病院《びょういん》と看護教育《かんごきょういく》の整備《せいび》へ

戦争《せんそう》が終《お》わり、帰国《きこく》したフローレンスは、スクタリの記録《きろく》を報告書《ほうこくしょ》にまとめました。とくに衛生面《えいせいめん》に関《かん》する意見《いけん》は、後《のち》の医療現場《いりょうげんば》にえいきょうをあたえました。

その後《ご》、フローレンスは病気《びょうき》がちになり、ほとんどベッドの上《うえ》で40年以上《ねんいじょう》をすごしました。しかし多《おお》くの手紙《てがみ》や原稿《げんこう》を書《か》き、新《あたら》しい看護教育《かんごきょういく》の整備《せいび》と看護《かんご》学校《がっこう》の設立《せつりつ》に取《と》り組《く》み、病院《びょういん》の環境《かんきょう》や地域医療《ちいきいりょう》のあり方《かた》に、助言《じょげん》をあたえ続《つづ》けました。そして今日《こんにち》でも、世界《せかい》の人々《ひとびと》からの尊敬《そんけい》を集《あつ》めているのです。

エリザベス・ブラックウェル

医師《いし》　1821-1910年《ねん》／イギリス出身《しゅっしん》

失明《しつめい》にも差別《さべつ》にもめげず アメリカ初《はつ》の正式《せいしき》な女性医師《じょせいいし》として活《かつ》やく

エリザベスの肖像《しょうぞう》。晩年《ばんねん》はイギリス初《はつ》の女子医科大学《じょしいかだいがく》で教《おし》えた。

私《わたし》は嬉《うれ》しい。他人《たにん》ではなく、私《わたし》が開拓者《かいたくしゃ》としてこの仕事《しごと》をするのだということが！

（出典《しゅってん》：レイチェル・ベーカー『世界最初《せかいさいしょ》の女性医師《じょせいいし》〜エリザベス・ブラックウェルの一生《いっしょう》〜』大原武夫《おおはらたけお》・大原一枝《おおはらかずえ》 訳《やく》、社団法人日本女医会《しゃだんほうじんにほんじょいかい》）

女性《じょせい》が医師《いし》になることなど考《かんが》えられなかった時代《じだい》。行《い》く手《て》をはばむ困難《こんなん》に立《た》ち向《む》かい、強《つよ》い意志《いし》で道《みち》を切《き》りひらいたエリザベスの、力強《ちからづよ》い言葉《ことば》です。

すべての女性《じょせい》のために道《みち》をひらく

「女性《じょせい》の医師《いし》にみてもらえたら……」。子宮《しきゅう》がんで苦《くる》しむ知人《ちじん》の言葉《ことば》がきっかけになって、エリザベスは移《うつ》り住《す》んだアメリカで医師《いし》をめざします。しかし、17もの大学《だいがく》に入学《にゅうがく》を断《ことわ》られ、やっと入《はい》った大学《だいがく》でも初《はじ》めはかんげいされませんでした。差別《さべつ》をする教授《きょうじゅ》にもおだやかに反論《はんろん》するエリザベスは、やがて受《う》け入《い》れられ、首席《しゅせき》で卒業《そつぎょう》します。

アメリカ初《はつ》の正式《せいしき》な女性医師《じょせいいし》となり、仕事中《しごとちゅう》の事故《じこ》で片方《かたほう》の目《め》を失明《しつめい》してからも、エリザベスはヨーロッパ各地《かくち》で研修《けんしゅう》を受《う》け、多《おお》くの経験《けいけん》を積《つ》みます。その後《ご》、アメリカで女性《じょせい》のための病院《びょういん》や女子医科大学《じょしいかだいがく》などを設立《せつりつ》しました。

シシリー・ソンダース

医師《いし》・ホスピス設立者《せつりつしゃ》　1918-2005年《ねん》／イギリス

看護学生《かんごがくせい》の時《とき》に背中《せなか》を痛《いた》め、看護師《かんごし》への道《みち》を絶《た》たれたシシリーは、患者《かんじゃ》の相談《そうだん》ごとを解決《かいけつ》する医療《いりょう》ソーシャルワーカーとして働《はたら》き始《はじ》めます。やがて受《う》けもった末期患者《まっきかんじゃ》の男性《だんせい》と恋《こい》に落《お》ち、死《し》にゆく人《ひと》がどうしたら安《やす》らぎを得《え》られるか、深《ふか》く考《かんが》えるようになります。恋人《こいびと》の死後《しご》、39歳《さい》で医師《いし》になったシシリーは、痛《いた》みを鎮痛剤《ちんつうざい》でやわらげ、不安《ふあん》を取《と》りのぞいて、末期患者《まっきかんじゃ》が少《すこ》しでも快適《かいてき》にすごせるようなケアに努《つと》めます。1967年《ねん》、そうしたケアを実践《じっせん》する場《ば》である「聖《せい》クリストファー・ホスピス」を創設《そうせつ》しました。

鈴木《すずき》ひでる

薬物学者《やくぶつがくしゃ》　1888-1944年《ねん》／日本《にほん》(愛知県出身《あいちけんしゅっしん》)

日本女子大学校《にほんじょしだいがっこう》を卒業後《そつぎょうご》、ひでるは助手《じょしゅ》として化学《かがく》の研究《けんきゅう》を続《つづ》けながら、母校《ぼこう》の附属高等女学校《ふぞくこうとうじょがっこう》の教師《きょうし》になります。いそがしい毎日《まいにち》のなか、独学《どくがく》で勉強《べんきょう》し、薬剤師試験《やくざいししけん》に合格《ごうかく》。さらに東京帝国大学医学部薬学科《とうきょうていこくだいがくいがくぶやくがくか》の専攻生《せんこうせい》になりました。化《け》しょうもせず、地味《じみ》な着物《きもの》を着《き》たひでるにつけられたあだ名《な》は「石炭女史《せきたんじょし》」。それほど研究一筋《けんきゅうひとすじ》の日々《ひび》でした。その後《ご》、日本女子大学校《にほんじょしだいがっこう》の教授《きょうじゅ》になったひでるは、母校《ぼこう》と東京帝大《とうきょうていだい》を行《い》き来《き》しながら研究《けんきゅう》を続《つづ》け、1937年《ねん》、ついに日本女性《にほんじょせい》で初《はつ》の薬学博士《やくがくはくし》になりました。

ガートルード・ベル・エリオン

生化学者《せいかがくしゃ》　1918-1999年《ねん》／アメリカ

病気《びょうき》の祖父《そふ》を見《み》まったとき、ガートルードは病気《びょうき》を治《なお》す薬《くすり》をつくろうと決意《けつい》し、化学《かがく》の道《みち》を選《えら》びます。しかし、大学《だいがく》をトップで卒業《そつぎょう》したにもかかわらず、女性《じょせい》であることで奨学金《しょうがくきん》がもらえなかったため、働《はたら》いてお金《かね》をためて大学院《だいがくいん》に進《すす》みました。その後《ご》は企業《きぎょう》の研究所《けんきゅうじょ》に就職《しゅうしょく》して、がんの治療薬《ちりょうやく》や臓器移植《ぞうきいしょく》に必要《ひつよう》な薬《くすり》など8種類《しゅるい》もの薬《くすり》を開発《かいはつ》し、1988年《ねん》にノーベル生理学《せいりがく》・医学賞《いがくしょう》を受賞《じゅしょう》しました。薬《くすり》を必要《ひつよう》としている人《ひと》がいる――その思《おも》いが、ガートルードを支《ささ》えた力《ちから》でした。

黒田《くろだ》チカ

化学者《かがくしゃ》　1884-1968年《ねん》／日本《にほん》（佐賀出身《さがしゅっしん》）

紅花《こうか》や紫根《しこん》の色《いろ》のもとを研究《けんきゅう》
60代《だい》になっても活《かつ》やくした、日本初《にほんはつ》の女性化学者《じょせいかがくしゃ》

イギリス留学《りゅうがく》から帰《かえ》ってきたころのチカ。40歳《さい》。

> 天然《てんねん》のものは正直《しょうじき》ですから、
> こちらが真《まこと》を以《も》って
> 一生懸命《いっしょうけんめい》で向《む》かったら、
> 必《かなら》ず門《もん》を開《ひら》きます。

（出典《しゅってん》：黒田《くろだ》チカ「化学《かがく》の道《みち》に生《い》きて」―『婦人《ふじん》の友《とも》』1957年《ねん》4月号《がつごう》）

どんなに難《むずか》しくても、真心《まごころ》をもって一生《いっしょう》けんめい向《む》き合《あ》えば、「物質《ぶっしつ》」も必《かなら》ずこたえてくれるというチカの言葉《ことば》です。時間《じかん》も労力《ろうりょく》もかかる化学実験《かがくじっけん》にひたむきに取《と》り組《く》んだ、チカの研究《けんきゅう》に対《たい》する姿勢《しせい》がよく表《あらわ》れています。

日本初《にほんはつ》の女子大学生《じょしだいがくせい》、そして日本初《にほんはつ》の女性化学者《じょせいかがくしゃ》

大正《たいしょう》の中《なか》ごろまで、日本《にほん》には帝国大学《ていこくだいがく》のほかに大学《だいがく》はなく、そこには女性《じょせい》は入学《にゅうがく》できませんでした。* しかし、1913年《ねん》に東北帝国大学《とうほくていこくだいがく》が女性《じょせい》の入学《にゅうがく》を認《みと》め、入学試験《にゅうがくしけん》に合格《ごうかく》したチカは、日本《にほん》に初《はじ》めて誕生《たんじょう》した女子大学生《じょしだいがくせい》の1人《ひとり》として、大《おお》きな注目《ちゅうもく》を浴《あ》びました。

チカは、化学《かがく》という学問《がくもん》の道《みち》を初《はじ》めて進《すす》んだ女性《じょせい》でもあります。母校《ぼこう》の東京女子高等師範学校《とうきょうじょしこうとうしはんがっこう》で教《おし》えながら、理化学研究所《りかがくけんきゅうじょ》でも研究《けんきゅう》を行《おこな》い、紅花《こうか》（ベニバナの花《はな》）や紫根《しこん》（ムラサキという植物《しょくぶつ》の根《ね》）の色《いろ》のもととなる「色素《しきそ》」の構造《こうぞう》を明《あき》らかにしていきました。1929年《ねん》には、化学《かがく》の分野《ぶんや》では初《はじ》めての女性理学博士《じょせいりがくはくし》になっています。

第二次世界大戦中《だいにじせかいたいせんちゅう》も、また戦後《せんご》も研究《けんきゅう》を重《かさ》ね、69歳《さい》の時《とき》には、タマネギの皮《かわ》から取《と》り出《だ》したケルセチンを高血圧《こうけつあつ》の予防薬《よぼうやく》として実用化《じつようか》するなどの業績《ぎょうせき》をあげました。

紅花《こうか》（ベニバナ）。古代《こだい》から、赤色《あかいろ》の貴重《きちょう》な染料《せんりょう》として、また薬草《やくそう》として使《つか》われてきた。

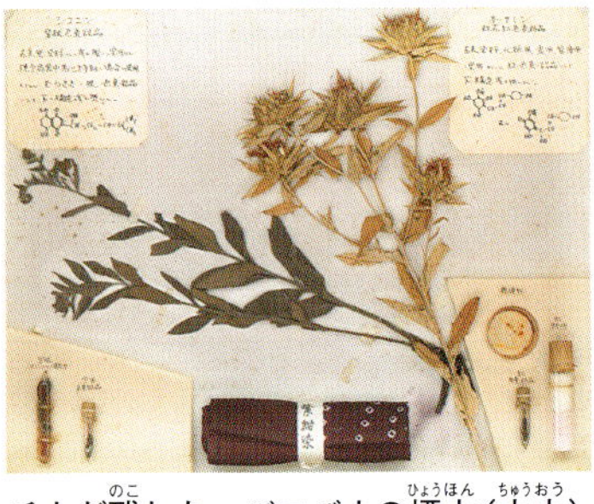

チカが残《のこ》した、ベニバナの標本《ひょうほん》（中央《ちゅうおう》）とムラサキの標本《ひょうほん》（その左《ひだり》）。

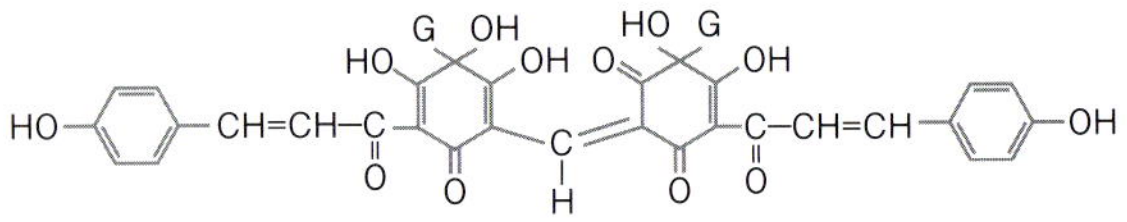

紅花《こうか》の色素《しきそ》「カーサミン」の化学的《かがくてき》な成《な》り立《た》ちを示《しめ》す構造式《こうぞうしき》。O《オー》＝酸素《さんそ》、G《ジー》＝ぶどう糖《とう》、H《エイチ》＝水素《すいそ》、C《シー》＝炭素《たんそ》。六角形《ろっかくけい》は炭素《たんそ》と水素《すいそ》が6個《こ》ずつつながったもの。

＊日本女子大学校《にほんじょしだいがっこう》など「大学《だいがく》」と名《な》がつく女子《じょし》の学校《がっこう》はあったが、当時《とうじ》は専門学校《せんもんがっこう》だった。その時代《じだい》の女子《じょし》に許《ゆる》されていた高等教育《こうとうきょういく》は、女子専門学校《じょしせんもんがっこう》と女子高等師範学校《じょしこうとうしはんがっこう》のみ。女子高等師範学校《じょしこうとうしはんがっこう》は女学校《じょがっこう》（→p.21）などの教師《きょうし》を養成《ようせい》する学校《がっこう》。

黒田《くろだ》チカの人生《じんせい》をたどってみよう

子《こ》ども時代《じだい》　どんな科目《かもく》も大好《だいす》き

佐賀県《さがけん》の旧士族《きゅうしぞく》の家《いえ》に生《う》まれ、進歩的《しんぽてき》な考《かんが》えをもつ父《ちち》のもとで育《そだ》ちました。小学生《しょうがくせい》のころに勉強《べんきょう》の楽《たの》しさを知《し》ったチカは、1902年《ねん》、18歳《さい》で上京《じょうきょう》、女子高等師範学校《じょしこうとうしはんがっこう》*理科《りか》に入学《にゅうがく》します。文系《ぶんけい》か理系《りけい》かで迷《まよ》いましたが、理科《りか》の実験《じっけん》は学校《がっこう》でなければできないと考《かんが》え、理科《りか》を選《えら》びました。

*チカが入学《にゅうがく》した時《とき》の校名《こうめい》は「女子高等師範学校《じょしこうとうしはんがっこう》」で、1908年《ねん》に「東京女子高等師範学校《とうきょうじょしこうとうしはんがっこう》」に改名《かいめい》した。現在《げんざい》のお茶《ちゃ》の水女子大学《みずじょしだいがく》にあたる。

化学《かがく》に興味《きょうみ》をもつ

哲学《てつがく》も歴史《れきし》も文学《ぶんがく》も音楽《おんがく》も、なんでも好《す》きだったチカでしたが、そのうち、化学《かがく》にいちばん興味《きょうみ》をもつようになりました。女子高等師範学校《じょしこうとうしはんがっこう》を卒業後《そつぎょうご》、福井《ふくい》で教師《きょうし》になりましたが、1907年《ねん》に母校《ぼこう》に「研究科《けんきゅうか》」（上級《じょうきゅう》の科《か》）が設置《せっち》されると、理科《りか》の研究《けんきゅう》にもどりました。

17歳《さい》のチカ。

29歳《さい》　初《はじ》めての女子大学生《じょしだいがくせい》に

1913年《ねん》、東北帝国大学《とうほくていこくだいがく》が初《はじ》めて女子《じょし》の受《う》け入《い》れを決定《けってい》しました。チカは母校《ぼこう》の先生《せんせい》たちのはげましを受《う》けて仙台《せんだい》へ旅立《たびだ》ち、みごとに東北帝国大学《とうほくていこくだいがく》への入学《にゅうがく》を勝《か》ち取《と》りました。この時《とき》、チカをふくむ3人《にん》の女子学生《じょしがくせい》が合格《ごうかく》し、世間《せけん》をさわがせました。

日本初《にほんはつ》の女子大学生《じょしだいがくせい》たち

牧田《まきた》らく
(1888-1977年《ねん》)

京都府《きょうとふ》生《う》まれ。東北帝大卒業《とうほくていだいそつぎょう》後《ご》、母校《ぼこう》・東京女子高等師範学《とうきょうじょしこうとうしはんがっ》校《こう》の数学《すうがく》の講師《こうし》となります。洋画家《ようがか》の金山平三《かなやまへいぞう》と結婚《けっこん》して退職《たいしょく》、夫《おっと》を支《ささ》え続《つづ》けました。

丹下《たんげ》ウメ
(1879-1955年《ねん》)

鹿児島県《かごしまけん》生《う》まれ。アメリカの大学《だいがく》にも留学《りゅうがく》し、栄養学《えいようがく》で学位《がくい》を取《と》りました。帰国後《きこくご》はビタミンB_2《ビーツー》の研究《けんきゅう》により農学博士《のうがくはくし》となりました。

34歳《さい》　天然色素《てんねんしきそ》シコニンの構造《こうぞう》を明《あき》らかにした

大学《だいがく》では有機化学《ゆうきかがく》を専攻《せんこう》し、眞島利行教授《まじまりこうきょうじゅ》のもとで紫根《しこん》の色素《しきそ》「シコニン」の研究《けんきゅう》に取《と》り組《く》みました。1918年《ねん》、シコニンの構造《こうぞう》を明《あき》らかにし、学会《がっかい》で発表《はっぴょう》すると、初《はつ》の女性理学士《じょせいりがくし》の発表《はっぴょう》とあって、また大《おお》さわぎになりました。この業績《ぎょうせき》によってチカは、東京女子高等師範学校《とうきょうじょしこうとうしはんがっこう》で日本初《にほんはつ》の女性教授《じょせいきょうじゅ》になりました。

1929年《ねん》には紅花《こうか》の色素《しきそ》「カーサミン」の構造《こうぞう》をつきとめ*、東北帝大《とうほくていだい》から理学博士《りがくはくし》の学位《がくい》を受《う》けました。

大学卒業後《だいがくそつぎょうご》の1921年《ねん》、チカはイギリスに留学《りゅうがく》した。これは留学中《りゅうがくちゅう》に下宿《げしゅく》していた家《いえ》。

*チカが解明《かいめい》したのはp.18の構造式《こうぞうしき》のうち右半分《みぎはんぶん》にあたる部分《ぶぶん》。50年後《ねんご》、別《べつ》の研究者《けんきゅうしゃ》が高度《こうど》な分析機器《ぶんせききき》を用《もち》いて、二量体《にりょうたい》（同《おな》じ種類《しゅるい》の分子《ぶんし》が2つつながった構造《こうぞう》）であることを解明《かいめい》した。

ムラサキの花《はな》。この根《ね》が紫根《しこん》。

69歳《さい》になっても現役《げんえき》

チカは年《とし》をとってからも若者《わかもの》たちの声《こえ》にすなおに耳《みみ》をかたむけました。

ある時《とき》、若者《わかもの》から「タマネギの皮《かわ》で布《ぬの》を染《そ》めると、きれいな色《いろ》になるのはなぜ」と聞《き》かれ、タマネギの色素《しきそ》を調《しら》べてみました。すると、外皮《がいひ》にあるケルセチンという物質《ぶっしつ》が黄色《きいろ》の染料《せんりょう》になることがわかり、さらに血圧《けつあつ》を下《さ》げる薬《くすり》に使《つか》えそうだと気《き》づきました。そして69歳《さい》で、「ケルチンC《シー》」という名《な》で薬《くすり》として完成《かんせい》させたのです。

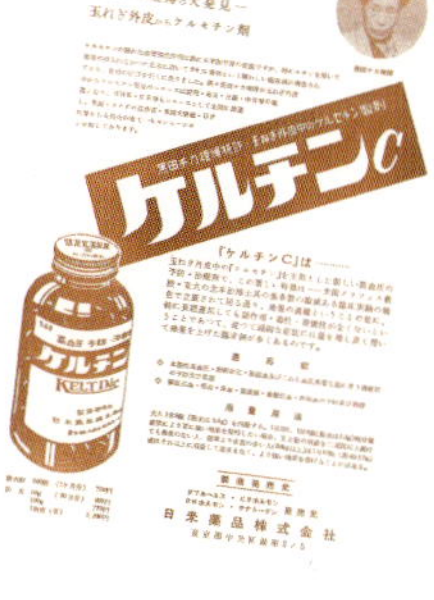

「ケルチンC《シー》」の広告《こうこく》

猿橋勝子《さるはしかつこ》

地球化学者《ちきゅうかがくしゃ》 1920-2007年《ねん》／日本《にほん》（東京出身《とうきょうしゅっしん》）

核実験《かくじっけん》による「死《し》の灰《はい》」を研究《けんきゅう》した化学者《かがくしゃ》
女性科学者《じょせいかがくしゃ》をはげますために賞《しょう》を創設《そうせつ》

研究室《けんきゅうしつ》の勝子《かつこ》。

研究《けんきゅう》には、
未知《みち》の世界《せかい》にいどむ
スリルとサスペンスがあり、
すべての憂《う》さを
ふきとばすだけの魅力《みりょく》がある

（出典《しゅってん》：猿橋勝子《さるはしかつこ》『女性《じょせい》として 科学者《かがくしゃ》として』新日本出版社《しんにほんしゅっぱんしゃ》）

勝子《かつこ》は、大学《だいがく》を出《で》ていないことや女性《じょせい》であること、それでも研究者《けんきゅうしゃ》として有名《ゆうめい》になったことで、差別《さべつ》や非難《ひなん》を受《う》けることがありました。しかし、研究《けんきゅう》への情熱《じょうねつ》と未知《みち》の世界《せかい》を楽《たの》しむ心《こころ》が、それらをふきとばしていたのです。

1954年《ねん》にアメリカが行《おこな》った水爆実験《すいばくじっけん》によるキノコ雲《ぐも》。まき散《ち》らされた「死《し》の灰《はい》」を分析《ぶんせき》したのは、当時《とうじ》34歳《さい》の勝子《かつこ》だった。

「科学者《かがくしゃ》として社会《しゃかい》にこうけんする」、「女性科学者《じょせいかがくしゃ》に道《みち》をひらく」の２大事業《だいじぎょう》

子《こ》どものころから「将来《しょうらい》は人《ひと》の役《やく》に立《た》つ仕事《しごと》、社会《しゃかい》にこうけんする仕事《しごと》をしたい」と願《ねが》っていた勝子《かつこ》は、理学系《りがくけい》の専門学校《せんもんがっこう》に進《すす》みました。やがて、第二次世《だいにじせ》界大戦《かいたいせん》のさなか、中央気象台《ちゅうおうきしょうだい》の気象研究所《きしょうけんきゅうじょ》に就職《しゅうしょく》します。

化学分析《かがくぶんせき》のプロになった勝子《かつこ》は、戦後《せんご》、たいへんな仕事《しごと》に立《た》ち向《む》かうことになりました。アメリカの水爆《すいばく》実験《じっけん》によって太平洋上《たいへいようじょう》にまき散《ち》らされた「死《し》の灰《はい》」の分析《ぶんせき》です。勝子《かつこ》は「死《し》の灰《はい》」の成分《せいぶん》をつきとめ、また、日本沿岸《にほんえんがん》の放射線量《ほうしゃせんりょう》がアメリカ沿岸《えんがん》よりも高《たか》くなっていることを証明《しょうめい》し、それを否定《ひてい》しようとしたアメリカの研究者《けんきゅうしゃ》を納得《なっとく》させました。そして科学者《かがくしゃ》の立場《たちば》から世界平和《せかいへいわ》をうったえたのです。

当時《とうじ》は、まだ女性《じょせい》の社会的《しゃかいてき》な地位《ちい》は低《ひく》く、科学《かがく》の世界《せかい》でも女性《じょせい》が活《かつ》やくできることはまれでした。勝子《かつこ》のもう１つの大《おお》きな仕事《しごと》は、女性科学者《じょせいかがくしゃ》たちのために、その活《かつ》やくの場《ば》を整《とと》えようとする運動《うんどう》を続《つづ》けることでした。

猿橋勝子《さるはしかつこ》の人生《じんせい》をたどってみよう

女学校時代《じょがっこうじだい》の勝子《かつこ》。自由《じゆう》な教育《きょういく》で評価《ひょうか》の高《たか》い女学校《じょがっこう》に、塾《じゅく》にも通《かよ》わずに合格《ごうかく》したのがほこらしかったという。

12歳《さい》 ひ弱《よわ》な泣《な》き虫《むし》から、活発《かっぱつ》なスポーツ少女《しょうじょ》に

幼《おさな》いころの勝子《かつこ》はひ弱《よわ》で泣《な》き虫《むし》でしたが、公立小学校《こうりつしょうがっこう》を出《で》ると、東京府立第六《とうきょうふりつだいろく》高等女学校《こうとうじょがっこう》に進学《しんがく》、テニスに打《う》ちこむスポーツ少女《しょうじょ》に成長《せいちょう》しました。

その一方《いっぽう》、勉強《べんきょう》にも精《せい》を出《だ》します。英《えい》会話《かいわ》の授業《じゅぎょう》を受《う》けてきている私立小学校《しりつしょうがっこう》卒《そつ》の生徒《せいと》たちに追《お》いつくために、兄《あに》にたのんで特訓《とっくん》を受《う》け、じきに英語《えいご》を得意科《とくいか》目《もく》にしました。数学《すうがく》や物理《ぶつり》も得意《とくい》で、地《ち》理《り》や歴史《れきし》は不得意《ふとくい》だったそうです。「卒《そつ》業後《ぎょうご》も勉強《べんきょう》を続《つづ》け、社会《しゃかい》に役立《やくだ》つ仕事《しごと》につきたい」と願《ねが》っていました。

21歳《さい》 医者《いしゃ》になろうとしたけれど、理学系《りがくけい》の専門学校《せんもんがっこう》へ

勝子《かつこ》の両親《りょうしん》は、教育《きょういく》は女学校《じょがっこう》（高等女学校《こうとうじょがっこう》）までで十分《じゅうぶん》と考《かんが》えていました。親《おや》に従《したが》って生命保険会社《せいめいほけんがいしゃ》に就職《しゅうしょく》した勝子《かつこ》ですが、3年後《ねんご》には兄《あに》とともに親《おや》を説得《せっとく》、ついに東《とう》京女子医学専門学校《きょうじょしいがくせんもんがっこう》の受験《じゅけん》を許《ゆる》されます。

しかし受験《じゅけん》の日《ひ》、学長《がくちょう》の吉岡彌生《よしおかやよい》（→p.7）に「先生《せんせい》のように立派《りっぱ》な医者《いしゃ》になりたい」と言《い》ったところ、「私《わたし》のようには、そうたやすくなれるものじゃありません」と笑《わら》いながら言《い》われます。ショックを受《う》けた勝子《かつこ》は、別《べつ》の学校《がっこう》に進《すす》みました。それが、創立《そうりつ》まもない帝国女子理学専門《ていこくじょしりがくせんもん》学校《がっこう》（現在《げんざい》の東邦大学理学部《とうほうだいがくりがくぶ》）でした。

生《しょう》がいの師《し》、三宅泰雄《みやけやすお》に出会《であ》う

帝国女子理学専門学校《ていこくじょしりがくせんもんがっこう》では、物理学《ぶつりがく》を専攻《せんこう》し、実験《じっけん》にも取《と》り組《く》みました。やがて3年生《ねんせい》になった勝子《かつこ》は、教師《きょうし》のしょうかいで、中央気象台《ちゅうおうきしょうだい》にある気象研究所《きしょうけんきゅうじょ》に実習《じっしゅう》に行《い》きました。

実習先《じっしゅうさき》の教官《きょうかん》は、地球化学者《ちきゅうかがくしゃ》の三宅泰雄《みやけやすお》（1908-1990年《ねん》）です。三宅《みやけ》は、女子学生《じょしがくせい》の勝子《かつこ》を低《ひく》く見《み》たりせず、「ポロニウムの物理化《ぶつりか》学的研究《がくてきけんきゅう》」という課題《かだい》をあたえました。

ポロニウムといえば、あのマリー・キュリー（→p.24）が発見《はっけん》した元素《げんそ》です。勝子《かつこ》は、ノーベル賞《しょう》をとった女性《じょせい》につながるこの課題《かだい》に胸《むね》が熱《あつ》くなり、熱心《ねっしん》に研究《けんきゅう》を進《すす》めました。三宅《みやけ》は、勝子《かつこ》の生《しょう》がいの師《し》となります。

三宅泰雄《みやけやすお》（右《みぎ》）と勝子《かつこ》。

女学校《じょがっこう》と女子専門学校《じょしせんもんがっこう》

当時《とうじ》、女性《じょせい》は、小学校《しょうがっこう》しか出《で》ない人《ひと》が大多数《だいたすう》で、進学《しんがく》する場合《ばあい》は女学校《じょがっこう》（高等女学校《こうとうじょがっこう》）を受験《じゅけん》しました。女学校《じょがっこう》の卒業後《そつぎょうご》、高等教育《こうとうきょういく》を受《う》けたければ、女子《じょし》専門学校《せんもんがっこう》か女子高等師範学校《じょしこうとうしはんがっこう》に進《すす》みます。しかし進学《しんがく》する女子《じょし》はごくわずかで、さらにその後《ご》、大《だい》学《がく》へ進《すす》むことは、ほとんどできませんでした。

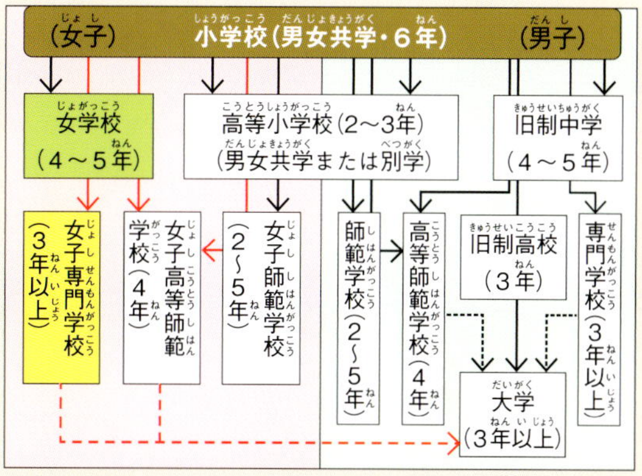

戦前《せんぜん》（昭和《しょうわ》の初《はじ》めごろ）のおもな学校制度《がっこうせいど》。大学《だいがく》は、もともと男子《だんし》のみの学校《がっこう》である旧制高校《きゅうせいこうこう》を経《へ》て入学《にゅうがく》する所《ところ》だったので、ほとんどの大学《だいがく》は女子《じょし》の入学《にゅうがく》を認《みと》めなかった。師範学校《しはんがっこう》や高等師範学校《こうとうしはんがっこう》は、教師《きょうし》を養成《ようせい》するための学校《がっこう》。

23歳《さい》 第二次世界大戦《だいにじせかいたいせん》のさなかに卒業《そつぎょう》、就職《しゅうしょく》

戦争《せんそう》がひどくなったため、勝子《かつこ》は専門学校《せんもんがっこう》3年《ねん》のとちゅうで、くりあげ卒業《そつぎょう》することになりました。軍《ぐん》の関係機関《かんけいきかん》に就職《しゅうしょく》する者《もの》が多《おお》いなか、勝子《かつこ》は戦《せん》争《そう》に協力《きょうりょく》するのがいやで、三宅《みやけ》のいる気象研究所《きしょうけんきゅうじょ》に就職《しゅうしょく》します。仕事《しごと》を始《はじ》めて、数学《すうがく》や化学《かがく》の力不《ちからぶ》足《そく》を感《かん》じたため、働《はたら》きながら勉強《べんきょう》もしました。

気象研究所《きしょうけんきゅうじょ》で実験中《じっけんちゅう》の勝子《かつこ》。「微量分析《びりょうぶんせき》の達人《たつじん》」という異名《いみょう》は、海水中《かいすいちゅう》の炭酸物質《たんさんぶっしつ》の研究《けんきゅう》で、画期的《かっきてき》な分析装置《ぶんせきそうち》を考案《こうあん》して成果《せいか》を出《だ》したことによる。

第五福竜丸被爆事件《だいごふくりゅうまるひばくじけん》

1954年《ねん》3月1日《がつついたち》、アメリカは太平洋《たいへいよう》のビキニ環礁《かんしょう》で水爆実験《すいばくじっけん》を行《おこな》いました。爆心《ばくしん》から160km先《さき》にいた日本《にほん》の漁船《ぎょせん》、第五福竜丸《だいごふくりゅうまる》は被爆《ひばく》し、船員《せんいん》たちは「死《し》の灰《はい》」をかぶりました。しばらくすると船員《せんいん》たちの皮《ひ》ふはただれ、下痢《げり》や吐《は》き気《け》、めまいなど、さまざまな症状《しょうじょう》におそわれました。

この時《とき》、アメリカは水爆《すいばく》の威力《いりょく》を低《ひく》くみつもり、多《おお》くの漁船《ぎょせん》や太平洋《たいへいよう》の島々《しまじま》の住民《じゅうみん》に、前《まえ》もって実験《じっけん》を知《し》らせていませんでした。この後《あと》、原水爆禁止《げんすいばくきんし》を求《もと》める人々《ひとびと》の声《こえ》は高《たか》まりました。地上《ちじょう》や海上《かいじょう》での核実験《かくじっけん》を禁止《きんし》する条約《じょうやく》ができたのは、1963年《ねん》のことです*。

*部分的核実験禁止条約《ぶぶんてきかくじっけんきんしじょうやく》。それまでアメリカだけでなくソヴィエト連邦《れんぽう》（今《いま》のロシア）も大規模《だいきぼ》な核実験《かくじっけん》をくり返《かえ》し、核廃棄物《かくはいきぶつ》を海《うみ》にすてるなどしていた。

第五福竜丸《だいごふくりゅうまる》（造船《ぞうせん》当時《とうじ》の写真《しゃしん》）

終戦《しゅうせん》、そして「微量分析《びりょうぶんせき》の達人《たつじん》」に

1945年《ねん》、戦争《せんそう》は終《お》わりました。勝子《かつこ》は三宅《みやけ》の指導《しどう》で化学分析《かがくぶんせき》（物質《ぶっしつ》の成分《せいぶん》や、成分《せいぶん》の量《りょう》の比《ひ》を化学的《かがくてき》に調《しら》べること）のうでをみがきます。とくに、ごくわずかな量《りょう》しかない物質《ぶっしつ》の検出《けんしゅつ》（微量分析《びりょうぶんせき》）にかけては「達人《たつじん》」とよばれるまでになりました。

34歳《さい》 水爆実験《すいばくじっけん》による「死《し》の灰《はい》」を分析《ぶんせき》

東京大学《とうきょうだいがく》の研究者《けんきゅうしゃ》が、勝子《かつこ》のところへ、ある粉末《ふんまつ》の分析《ぶんせき》をたのみにきました。アメリカの水爆実験《すいばくじっけん》によって太平洋上《たいへいようじょう》にまき散《ち》らされた、「死《し》の灰《はい》」とよばれる白《しろ》い粉末《ふんまつ》です。粉《こな》が発《はっ》する放射線《ほうしゃせん》（→p.23）は分析《ぶんせき》できていましたが、粉自体《こなじたい》が何《なん》であるかの分析《ぶんせき》を、「達人《たつじん》」勝子《かつこ》に依頼《いらい》してきたのです。

勝子《かつこ》の分析結果《ぶんせきけっか》は、炭酸《たんさん》カルシウムと酸化《さんか》カルシウム。その結果《けっか》から、サンゴ礁《しょう》をつくるサンゴの骨《ほね》だとわかりました。核爆発《かくばくはつ》で、かたいサンゴが一瞬《いっしゅん》でこなごなになり、熱《ねつ》でとけて酸化《さんか》カルシウムになり、放射能《ほうしゃのう》を帯《お》びて30km以上《いじょう》も上空《じょうくう》までふきあげられたのです。水爆《すいばく》のおそろしい威力《いりょく》でした。

サンゴ礁《しょう》の海底《かいてい》は、サンゴの骨《ほね》が積《つ》み重《かさ》なってできている。こうしたものが一瞬《いっしゅん》でこなごなになり「死《し》の灰《はい》」になった。

「サルハシの表《ひょう》」で博士号《はくしごう》

37歳《さい》の時《とき》、勝子《かつこ》は東京大学《とうきょうだいがく》から博士号《はくしごう》（→p.32）を受《う》けました。海水《かいすい》や淡水中《たんすいちゅう》の炭酸物質《たんさんぶっしつ》の動《うご》きに関《かん》する研究《けんきゅう》が認《みと》められたのです。この時《とき》に勝子《かつこ》が作《つく》った、水《みず》の条件《じょうけん》と炭酸物質量《たんさんぶっしつりょう》の対照表《たいしょうひょう》は「サルハシの表《ひょう》」とよばれ、世界《せかい》の学者《がくしゃ》に重宝《ちょうほう》されました。

被爆国《ひばくこく》の代表《だいひょう》として国際会議《こくさいかいぎ》へ

1958年《ねん》、勝子《かつこ》は、社会運動家《しゃかいうんどうか》の平塚《ひらつか》らいて(ちょう)うに推《すい》せんされ、ウィーンで開《ひら》かれる国際会議《こくさいかいぎ》に出席《しゅっせき》しました。そして被爆国《ひばくこく》の女性科学者《じょせいかがくしゃ》として、核《かく》の被害《ひがい》と世界平和《せかいへいわ》への願《ねが》いを英語《えいご》で述《の》べ、高《たか》く評価《ひょうか》されます。勝子《かつこ》はこの後《あと》も、国際的《こくさいてき》な場《ば》で発言《はつげん》するようになりました。

1967年《ねん》の第《だい》2回国際婦人科学者《かいこくさいふじんかがくしゃ》・技術者会議《ぎじゅつしゃかいぎ》にて。
いちばん右《みぎ》が勝子《かつこ》。

42歳《さい》 放射能汚染《ほうしゃのうおせん》の深刻《しんこく》さを証明《しょうめい》、アメリカへ「道場《どうじょう》やぶり」に

勝子《かつこ》は三宅《みやけ》とともに、海水《かいすい》の放射能汚染《ほうしゃのうおせん》を調査《ちょうさ》するようになっていました。水爆実験《すいばくじっけん》の放射能《ほうしゃのう》は、海流《かいりゅう》にのって日本沿岸《にほんえんがん》へきて、うすまりながらアメリカへ回《まわ》ります。だから日本《にほん》のほうが、アメリカより放射線《ほうしゃせん》の数値《すうち》が高《たか》くなるのです。しかしアメリカは、勝子《かつこ》たちが発表《はっぴょう》した高《たか》い放射線量《ほうしゃせんりょう》に納得《なっとく》せず、その分析《ぶんせき》はまちがいだと言《い》い張《は》りました。

そこで勝子《かつこ》はアメリカに出向《でむ》き、実際《じっさい》に目《め》の前《まえ》で分析《ぶんせき》をしてみせました。同《おな》じ条件《じょうけん》で、アメリカの研究者《けんきゅうしゃ》と比《くら》べあって、堂々《どうどう》と勝《か》ったのです。勝子《かつこ》は後《のち》にこれを「道場《どうじょう》やぶりの現代版《げんだいばん》」とよんでいました。

ビキニ環礁《かんしょう》の水爆実験《すいばくじっけん》による放射能汚染《ほうしゃのうおせん》の広《ひろ》がり。(出典《しゅってん》：三宅泰雄《みやけやすお》・猿橋勝子《さるはしかつこ》「放射化学《ほうしゃかがく》と海洋《かいよう》」1958年《ねん》、『科学《かがく》』28より)

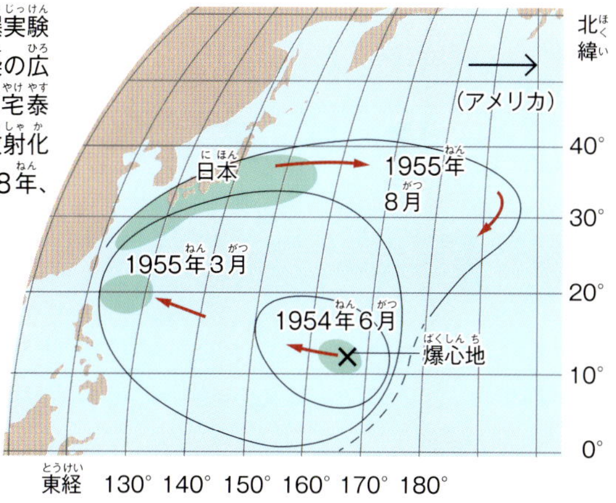

60歳《さい》 女性科学者《じょせいかがくしゃ》に明《あか》るい未来《みらい》を！

60歳《さい》になり、気象研究所《きしょうけんきゅうじょ》をやめる時《とき》がきました。勝子《かつこ》は周《まわ》りの人《ひと》たちからのお祝《いわ》い金《きん》をもとに「女性科学者《じょせいかがくしゃ》に明《あか》るい未来《みらい》をの会《かい》」を設立《せつりつ》し、会《かい》の事業《じぎょう》として「猿橋賞《さるはししょう》」を設《もう》けます。これは50歳未満《みまん》のすぐれた女性科学者《じょせいかがくしゃ》を表《ひょう》しょうする制度《せいど》です。

また、「学者《がくしゃ》の国会《こっかい》」ともよばれる日本学術会議《にほんがくじゅつかいぎ》の選挙《せんきょ》で、初《はつ》の女性会員《じょせいかいいん》にみごと当選《とうせん》しました。そして女性研究者《じょせいけんきゅうしゃ》の地位《ちい》を上《あ》げるため、法律《ほうりつ》の整備《せいび》を要求《ようきゅう》するなどの運動《うんどう》を続《つづ》けたのです。

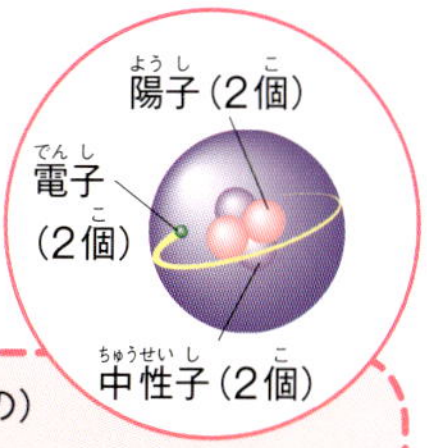

原子《げんし》のつくり(ヘリウムの場合《ばあい》)

放射線《ほうしゃせん》とは？

放射線《ほうしゃせん》は目《め》には見《み》えませんが、大《おお》きなエネルギーをもち、ぶつかった先《さき》の物質《ぶっしつ》を電離《でんり》する（原子《げんし》から電子《でんし》をはがし、イオン化《か》する）性質《せいしつ》があります。放射線《ほうしゃせん》を出《だ》す能力《のうりょく》を「放射能《ほうしゃのう》」といいます。
放射線《ほうしゃせん》は、ある不安定《ふあんてい》な原子《げんし》がこわれるときに出《で》ます。たとえば原爆《げんばく》の材料《ざいりょう》となるウラン原子《げんし》は、α線《アルファせん》を出《だ》してこわれ、ラドンなどに変《か》わりながらβ線《ベータせん》、γ線《ガンマせん》も出《だ》し、最後《さいご》は鉛《なまり》になります。

放射線《ほうしゃせん》と被《ひ》ばく

原爆《げんばく》や水爆《すいばく》の被害《ひがい》のようすからわかるように、放射線《ほうしゃせん》をあびると細胞《さいぼう》の遺伝子《いでんし》が傷《きず》つきます。でも、ふだんの生活《せいかつ》であびる程度《ていど》の量《りょう》*1なら、心配《しんぱい》しすぎることはありません。食《た》べ物《もの》の中《なか》のカリウム40も放射線《ほうしゃせん》を出《だ》し、*2岩石中《がんせきちゅう》のウラン、大気中《たいきちゅう》のラドンや炭素《たんそ》14も放射線《ほうしゃせん》を出《だ》していますが、ふだん自然《しぜん》に被《ひ》ばくして生《しょう》じる程度《ていど》の傷《きず》なら、ほとんど自動的《じどうてき》に修復《しゅうふく》されるからです。
しかし、大量《たいりょう》の放射線《ほうしゃせん》にさらされたり、そう多《おお》くない量《りょう》でも長時間《ちょうじかん》あびたりすると、修復《しゅうふく》がまにあわず、最悪《さいあく》の場合《ばあい》は死《し》にいたるのです。自然《しぜん》や放射線医療《ほうしゃせんいりょう》以外《いがい》からの「追加被《ついかひ》ばく」は、年《ねん》に1mSv《ミリシーベルト》以下《いか》にすべきとされています。

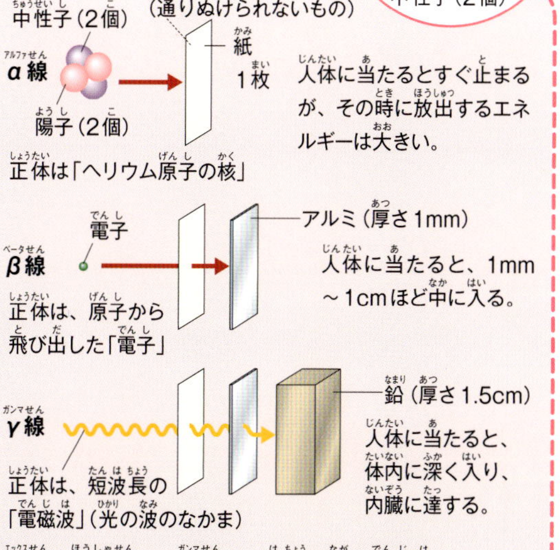

X線《エックスせん》も放射線《ほうしゃせん》で、γ線《ガンマせん》より波長《はちょう》が長《なが》い電磁波《でんじは》。

*1 日本《にほん》での自然被《しぜんひ》ばく量《りょう》は平均《へいきん》で年間《ねんかん》2.2mSv《ミリシーベルト》（日本分析《にほんぶんせき》センター、2005年《ねん》）。 *2 放射性物質《ほうしゃせいぶっしつ》は一定《いってい》の時間《じかん》（半減期《はんげんき》）ごとに量《りょう》が減《へ》り、排《はい》せつもされるが、大量《たいりょう》に被《ひ》ばくしないことが大切《たいせつ》。

マリー・キュリー

化学者《かがくしゃ》・物理学者《ぶつりがくしゃ》　1867-1934年《ねん》／ポーランド出身《しゅっしん》

未知《みち》の放射性元素《ほうしゃせいげんそ》・ラジウムを発見《はっけん》
2度《ど》もノーベル賞《しょう》を受賞《じゅしょう》した努力家《どりょくか》

マリーの肖像《しょうぞう》。金髪《きんぱつ》に灰色《はいいろ》の目をした女性《じょせい》だった。

> 進歩《しんぽ》というのは
> 即座《そくざ》にできるものでも、
> かんたんにできる
> ものでもない

（出典《しゅってん》：ナオミ・パサコフ『オックスフォード科学《かがく》の肖像《しょうぞう》　マリー・キュリー』西田美緒子《にしだみおこ》 訳《やく》、大月書店《おおつきしょてん》）

大学入学《だいがくにゅうがく》のために勉強《べんきょう》していた時《とき》のマリーの言葉《ことば》です。それまでの学校《がっこう》では習《なら》えなかった物理《ぶつり》や化学《かがく》の実験《じっけん》を、本《ほん》を参考《さんこう》にくり返《かえ》していましたが、いつも成功《せいこう》するとはかぎりませんでした。でもこの経験《けいけん》で、自分《じぶん》にはこうした研究《けんきゅう》が向《む》いていると確信《かくしん》したそうです。

元素《げんそ》とは?

マリーが見《み》つけた「ラジウム」は、「元素《げんそ》」の1つです。元素《げんそ》とは、物質《ぶっしつ》のもととなる最小《さいしょう》の単位《たんい》「原子《げんし》」の種類《しゅるい》のことで、水素《すいそ》、酸素《さんそ》、鉄《てつ》、ウラン、トリウムなどもその1つです。

ラジウムは、放射性元素《ほうしゃせいげんそ》でした。放射性元素《ほうしゃせいげんそ》は、原子《げんし》が不安定《ふあんてい》でこわれやすい元素《げんそ》のことです。そしてこわれるときに「放射線《ほうしゃせん》」(→ p.23)を出《だ》します。放射線《ほうしゃせん》を出《だ》す能力《のうりょく》を「放射能《ほうしゃのう》」といいます。

勉強《べんきょう》できる喜《よろこ》び、新《あたら》しい発見《はっけん》ができる幸《しあわ》せ

世界《せかい》で初《はじ》めて、2度《ど》もノーベル賞《しょう》を受賞《じゅしょう》したマリーですが、10代《だい》までは満足《まんぞく》な学校教育《がっこうきょういく》を受《う》けられませんでした。マリーが生《う》まれたワルシャワの街《まち》は、もともとポーランドの首都《しゅと》でしたが、当時《とうじ》は大国《たいこく》・ロシアに支配《しはい》されていて、マリーたちポーランド人《じん》の教育《きょういく》は徹底的《てっていてき》に制限《せいげん》されていたのです。

それでもマリーは、なんとか勉強《べんきょう》ができるように知恵《ちえ》をしぼり、働《はたら》いてお金《かね》をつくり、フランスへ出《で》て大学《だいがく》に通《かよ》いました。

やっと勉強《べんきょう》に打《う》ちこめる喜《よろこ》び、新《あたら》しい知識《ちしき》や発見《はっけん》が得《え》られる幸《しあわ》せ。それを大事《だいじ》に、さまざまな苦労《くろう》や大変《たいへん》な作業《さぎょう》も乗《の》りこえていきました。2度《ど》のノーベル賞《しょう》も数々《かずかず》の名声《めいせい》も、その喜《よろこ》びと努力《どりょく》の先《さき》にあったのです。

1800年代末《ねんだいまつ》ごろのワルシャワ。ポーランドの首都《しゅと》だが、当時《とうじ》は大国《たいこく》・ロシアの圧政《あっせい》の下《もと》にあった。

0歳《さい》 ロシアに支配《しはい》された街《まち》で

マリーは、ポーランドの貧《まず》しい教師《きょうし》の家《いえ》に生《う》まれました。マリーというのは、後《のち》にフランスにわたってからのよび方《かた》で、本名《ほんみょう》はマリヤ・スクロドフスカといいます。

当時《とうじ》のポーランドは、ロシア帝国《ていこく》に支配《しはい》されていました。母国語《ぼこくご》であるポーランド語《ご》は話《はな》すことを禁《きん》じられ、国《くに》の歴史《れきし》や理科《りか》さえも教《おし》えることが制限《せいげん》されました。さらに女性《じょせい》は、国内《こくない》で大学《だいがく》に入《はい》ることも許《ゆる》されなかったのです。

幼《おさな》いころのマリーと兄《あに》、姉《あね》たち。中央《ちゅうおう》が末《すえ》っ子《こ》のマリー、いちばん右《みぎ》が姉《あね》のブローニャ。

当時《とうじ》のヨーロッパ。ポーランドの領土《りょうど》は1700年代末《ねんだいまつ》に周《まわ》りの大国《たいこく》によって分割《ぶんかつ》され、マリーの住《す》むワルシャワはロシア領《りょう》となっていた。マリーはドイツを通《とお》ってフランスへわたることにした。

16歳《さい》 姉《あね》と自分《じぶん》のための大計画《たいけいかく》

マリーと姉《あね》のブローニャは、ある計画《けいかく》を立《た》てました。まず、マリーが家庭教師《かていきょうし》として働《はたら》き、かせいだお金《かね》をブローニャに送《おく》る。そのお金《かね》でブローニャはパリの大学《だいがく》に通《かよ》い、卒業《そつぎょう》したら、今度《こんど》はマリーがパリの大学《だいがく》に行《い》き、ブローニャがマリーに送金《そうきん》する、というものです。

マリーは16歳《さい》で家《いえ》をはなれ、住《す》みこみの家庭《かてい》教師《きょうし》となります。そして、その家《いえ》の長男《ちょうなん》と恋《こい》に落《お》ちますが、貧《まず》しい家庭教師《かていきょうし》との結婚《けっこん》には相手《あいて》の両親《りょうしん》が大反対《だいはんたい》。マリーは気《き》まずい思《おも》いをしながらも、さらに2年《ねん》、がんばって働《はたら》き続《つづ》けました。

マリーが通《かよ》ったパリ大学《だいがく》はフランス最古《さいこ》の大学《だいがく》。

23歳《さい》 晴《は》れて、パリ大学《だいがく》に

姉《あね》が大学《だいがく》を卒業《そつぎょう》すると、今度《こんど》はマリーがパリ大学《だいがく》（通称《つうしょう》ソルボンヌ大学《だいがく》）に入学《にゅうがく》しました。そまつなアパートの一人《ひとり》暮《ぐ》らしで、お金《かね》はなくても、やっと勉強《べんきょう》に打《う》ちこめるようになったことが何《なに》より幸《しあわ》せでした。ある時《とき》は、食事《しょくじ》もとらずに勉強《べんきょう》を続《つづ》け、空腹《くうふく》のために気絶《きぜつ》してしまったほどでした。

3年後《ねんご》には、物理学科《ぶつりがっか》を1位《い》で、数学科《すうがくか》を2位《い》の成績《せいせき》で修了《しゅうりょう》しました。

27歳《さい》 物静《ものしず》かな科学者《かがくしゃ》、ピエール・キュリーとの結婚《けっこん》

26歳《さい》の時《とき》、マリーは9歳年上《さいとしうえ》の物理学者《ぶつりがくしゃ》、ピエール・キュリーに出会《であ》います。

ピエールは、少年時代《しょうねんじだい》は学校《がっこう》になじめず、家族《かぞく》や家庭教師《かていきょうし》に学《まな》んだ人《ひと》でしたが、若《わか》くして「ピエゾ効果《こうか》」を発見《はっけん》するなど、すぐれた科学者《かがくしゃ》でした。お金《かね》や名声《めいせい》には興味《きょうみ》のない、物静《ものしず》かな人《ひと》で、十分《じゅうぶん》な収入《しゅうにゅう》は得《え》ていませんでしたが、マリーは彼《かれ》にひかれ、ピエールもマリーにひかれます。翌年《よくねん》、ふたりは結婚《けっこん》して、つつましい生活《せいかつ》を始《はじ》めました。

「ピエゾ効果《こうか》」(圧電効果《あつでんこうか》)とは?

ピエールと兄《あに》のジャックによる発見《はっけん》で、次《つぎ》の2つの現象《げんしょう》からなります。

①水晶《すいしょう》などある種《しゅ》の鉱物結晶《こうぶつけっしょう》に圧力《あつりょく》をかけると、わずかに電気《でんき》が発生《はっせい》する
②反対《はんたい》に、そうした結晶《けっしょう》に電気《でんき》をかけると、形《かたち》がわずかにひずむ

これは今日《こんにち》も精密機械《せいみつきかい》の部品《ぶひん》のしくみなどに広《ひろ》く使《つか》われています。また、このときピエールが開発《かいはつ》した、わずかな電流《でんりゅう》を計《はか》る装置《そうち》は、マリーの研究《けんきゅう》におおいに役立《やくだ》ちました。

ピエールとの間《あいだ》には2人《ふたり》の娘《むすめ》が生《う》まれた。手伝《てつだ》いの女性《じょせい》やピエールの父《ちち》が子育《こそだ》てに協力《きょうりょく》した。ここに写《うつ》っているのは長女《ちょうじょ》のイレーヌ。イレーヌもまた、すぐれた科学者《かがくしゃ》に成長《せいちょう》した(→p.30)。

30歳《さい》 目《め》に見《み》えない「ベクレル線《せん》」にいどむ

マリーは博士論文《はくしろんぶん》の研究《けんきゅう》テーマに「ベクレル線《せん》の解明《かいめい》」を選《えら》びます。

1896年《ねん》にアンリ・ベクレルという研究者《けんきゅうしゃ》が、目《め》に見《み》えない不思議《ふしぎ》な光線《こうせん》を発見《はっけん》していました。ウランをふくむ鉱物《こうぶつ》(石《いし》)から発《はっ》せられる光線《こうせん》で、厚紙《あつがみ》でおおわれた写真《しゃしん》の乾板《かんぱん》を感光《かんこう》させたのです(昔《むかし》のカメラは、レンズから入《はい》った光《ひかり》が乾板《かんぱん》という板《いた》に当《あ》たって、映像《えいぞう》を写《うつ》し出《だ》しました)。物質《ぶっしつ》から自発的《じはつてき》に放射《ほうしゃ》され、厚紙《あつがみ》をつきぬけるこの光線《こうせん》は、現在《げんざい》、「放射線《ほうしゃせん》」とよばれています。でも、この時《とき》はまだ正体《しょうたい》がわかっておらず、マリーはこれを解明《かいめい》しようとしたのです。

この中《なか》に、かならず新元素《しんげんそ》がある!

マリーが調《しら》べたところ、ウランのほかにトリウムもベクレル線《せん》を出《だ》すことがわかりました。

ウランやトリウムは、ふつう、鉱物《こうぶつ》の中《なか》にふくまれています。マリーはピッチブレンド(瀝青《れきせい》ウラン鉱《こう》)という鉱物《こうぶつ》を調《しら》べました。すると、その放射線量《ほうしゃせんりょう》は、鉱物中《こうぶつちゅう》にふくまれるウランとトリウムの放射線量《ほうしゃせんりょう》をあわせたよりも、強《つよ》いものでした。

つまり、これにはもっと別《べつ》の、強《つよ》い放射線《ほうしゃせん》を出《だ》す元素《げんそ》がふくまれている――。そう気《き》づいたマリーは、日夜《にちや》、ピッチブレンドをくだいて粉《こな》にし、とかして、成分《せいぶん》を分離《ぶんり》する仕事《しごと》にあけくれました。夫《おっと》のピエールも、自分《じぶん》の研究《けんきゅう》を中止《ちゅうし》して、これに参加《さんか》しました。

放射能《ほうしゃのう》の発見者《はっけんしゃ》

アンリ・ベクレル
(1852-1908年《ねん》)

フランスの物理学者《ぶつりがくしゃ》。ヴィルヘルム・C・レントゲンによるX線発見《エックスせんはっけん》(1895年《ねん》)にしげきされて、ウランの化合物《かごうぶつ》を研究《けんきゅう》し、放射能《ほうしゃのう》を発見《はっけん》しました。「物質《ぶっしつ》が放射線《ほうしゃせん》を出《だ》す能力《のうりょく》」を表《あらわ》す単位《たんい》「ベクレル」は、彼《かれ》の名《な》にちなみます。

30~34歳《さい》ごろ 「妖精《ようせい》のような光《ひかり》」

研究場所《けんきゅうばしょ》はそまつな小屋《こや》で、作業《さぎょう》には時間《じかん》もお金《かね》も体力《たいりょく》も必要《ひつよう》でした。それでもねばり強《づよ》く大変《たいへん》な作業《さぎょう》を続《つづ》け、マリーはついに、その放射性元素《ほうしゃせいげんそ》を取《と》り出《だ》すことに成功《せいこう》しました。何《なん》トンもの鉱物《こうぶつ》から、ほんのわずかしかとれなかったそれら2種類《しゅるい》の物質《ぶっしつ》は、「ポロニウム」と「ラジウム」*と名《な》づけられました。

マリーは、夜《よる》にそっと研究室《けんきゅうしつ》の小屋《こや》をのぞくのが好《す》きになりました。放射性物質《ほうしゃせいぶっしつ》が、やみのなかで光《ひか》っていたからです。マリーはこれを「ほのかな妖精《ようせい》のような光《ひかり》」とよびました。この放射線《ほうしゃせん》を出《だ》す能力《のうりょく》のことを「放射能《ほうしゃのう》」と命名《めいめい》したのは、マリーでした。

＊ポロニウムはマリーの祖国《そこく》ポーランドにちなんだ名《な》。ラジウムは「放射《ほうしゃ》する」という意味《いみ》の名《な》。

ウランガラスとピッチブレンド

19世紀《せいき》のヨーロッパでは、ガラスの着色料《ちゃくしょくりょう》にウランが使《つか》われました。ウランを混《ま》ぜると、ガラスは黄色《きいろ》や緑色《みどりいろ》になり、紫外線《しがいせん》を当《あ》てると光《ひか》る(蛍光《けいこう》を発《はっ》する)ので人気《にんき》がありました。そのウランを取《と》り出《だ》す原料《げんりょう》がピッチブレンドです。マリーは、ウランをとった後《あと》のピッチブレンドを安《やす》く取《と》りよせて使《つか》ったのです。

蛍光《けいこう》を発《はっ》するウランガラス

X《エックス》線《せん》設《せつ》備《び》をのせた「プティット・キュリー」

第一次世界大戦中《だいいちじせかいたいせんちゅう》、マリーは戦場《せんじょう》で傷《きず》ついた兵士《へいし》の診断《しんだん》のためにX線装置《エックスせんそうち》を多数集《たすうあつ》め、20台《だい》の車《くるま》にのせて、娘《むすめ》のイレーヌ(→p.30)とともに前線《ぜんせん》に向《む》かいました。この車《くるま》は「プティット・キュリー」(小《ちい》さなキュリー)とよばれました。マリーはこの時《とき》、運転免許《うんてんめんきょ》をとっています。また、ラドンを使《つか》っての放射線治療《ほうしゃせんちりょう》も行《おこな》いました。

36~44歳《さい》 ノーベル賞受賞《しょうじゅしょう》、さらに2度目《どめ》の受賞《じゅしょう》

ノーベル委員会《いいんかい》の1人《ひとり》からピエールに「君《きみ》とアンリ・ベクレルにノーベル賞《しょう》を授《さず》ける予定《よてい》だ」と連絡《れんらく》が入《はい》りました。ピエールは、マリーを受賞者《じゅしょうしゃ》に加《くわ》えてほしいと返事《へんじ》しました。こうしてマリーは1903年《ねん》、夫《おっと》とベクレルとともに、放射能《ほうしゃのう》の研究《けんきゅう》に対《たい》するノーベル物理学賞《ぶつりがくしょう》を受賞《じゅしょう》したのでした。

この後《あと》、ピエールの事故死《じこし》などつらい出来事《できごと》が重《かさ》なりましたが、1911年《ねん》にはラジウム、ポロニウムの発見《はっけん》と研究《けんきゅう》に対《たい》して、ノーベル化学賞《かがくしょう》が授《さず》けられます。2度《ど》のノーベル賞《しょう》受賞《じゅしょう》は世界初《せかいはつ》のことで、女性《じょせい》が単独《たんどく》で受賞《じゅしょう》するのも、世界《せかい》初《はつ》でした。

「とても幸《しあわ》せな日々《ひび》」

マリーは長年《ながねん》、無防備《むぼうび》に放射線《ほうしゃせん》をあび続《つづ》けたせいで、血液《けつえき》の病気《びょうき》(再生不良性貧血《さいせいふりょうせいひんけつ》)になって66歳《さい》で亡《な》くなりました。それでもマリーは、研究《けんきゅう》にあけくれた日々《ひび》を「困難《こんなん》につきまとわれていたのに、とても幸《しあわ》せな日々《ひび》」だったと書《か》き残《のこ》しています。

1921年《ねん》、54歳《さい》のマリーはアメリカに旅《たび》し、大《だい》かんげいを受《う》けた。ホワイトハウスでかんげい会《かい》がもよおされ、多《おお》くの大学《だいがく》がマリーに名誉《めいよ》博士号《はくしごう》をおくった。これはコロンビア大学《だいがく》での学位授与《がくいじゅよ》の時《とき》の写真《しゃしん》。

ソフィヤ・ワシーリエヴナ・コヴァレフスカヤ

数学者《すうがくしゃ》 1850-1891年《ねん》／ロシア出身《しゅっしん》

ロシアを出《で》て、北欧《ほくおう》で大学教授《だいがくきょうじゅ》になった美《うつく》しく情熱的《じょうねつてき》な数学者《すうがくしゃ》

ソフィヤの肖像《しょうぞう》。「ソーニャ」という愛称《あいしょう》でよばれた。

> 進《すす》めば進《すす》むほど
> 寄《よ》りつけない
> 奇跡《きせき》の世界《せかい》を開《ひら》くような、
> 驚《おどろ》くべき神秘《しんぴ》なこの科学《かがく》

（出典《しゅってん》：ソーニャ・コヴァレフスカヤ『ソーニャ・コヴァレフスカヤ 自伝《じでん》と追想《ついそう》』野上弥生子《のがみやえこ》 訳《やく》 岩波書店《いわなみしょてん》）

ソフィヤは文学《ぶんがく》の才能《さいのう》にもめぐまれ、すぐれた小説《しょうせつ》を書《か》き残《のこ》しています。また、美《うつく》しかったソフィヤは、いく度《ど》となく恋愛《れんあい》にのめりこみました。しかし、ソフィヤの心《こころ》を何《なに》よりも強《つよ》くひきつけたのは、やはり数学《すうがく》でした。

数学者《すうがくしゃ》、そしてひとりの女性《じょせい》として大《だい》たんに生《い》きぬく

幼《おさな》いころ、ソフィヤは部屋《へや》のかべ紙《がみ》がわりにはられた、数学《すうがく》の印刷物《いんさつぶつ》をながめるのが好《す》きでした。そこに書《か》いてある難《むずか》しい説明《せつめい》や公式《こうしき》をすっかり記《き》おくしていたソフィヤは、じっさいに数学《すうがく》を学《まな》び始《はじ》めると、すらすら問《もん》題《だい》を解《と》いて教師《きょうし》をおどろかせます。しかし、ロシア国《こく》内《ない》では女性《じょせい》は高《たか》い教育《きょういく》を受《う》けられず、未婚《みこん》では国外《こくがい》に出《で》ることもできないので、協力者《きょうりょくしゃ》の男性《だんせい》と形《かたち》だけの結《けっ》婚《こん》をし、ドイツにわたりました。

ベルリン大学《だいがく》の著名《ちょめい》な数学者《すうがくしゃ》に個人指導《こじんしどう》を願《ねが》い出《で》たソフィヤは才能《さいのう》を開花《かいか》させ、「偏微分方程式《へんびぶんほうていしき》」に関《かん》する論文《ろんぶん》で博士号《はくしごう》を授与《じゅよ》されます。しかし、その才能《さいのう》にふさわしい職《しょく》は得《え》られず、形《かたち》だけの結婚《けっこん》だった夫《おっと》と夫婦《ふうふ》らしく暮《く》らし始《はじ》めました。

1883年《ねん》、夫《おっと》が自殺《じさつ》し、打《う》ちのめされたソフィヤは、もうれつな勢《いきお》いで研究《けんきゅう》に打《う》ちこみます。その後《ご》、ストックホルム大学長《だいがくちょう》ミッタク・レフラーの招《まね》きで講師《こうし》となったソフィヤは、1888年《ねん》にフランス学士院《がくしいん》から有名《ゆうめい》なボルダン賞《しょう》*をおくられ、ついに教授《きょうじゅ》に就任《しゅうにん》しました。

＊ 1835年《ねん》に創設《そうせつ》された賞《しょう》で、優秀《ゆうしゅう》な論文《ろんぶん》に対《たい》しておくられた。

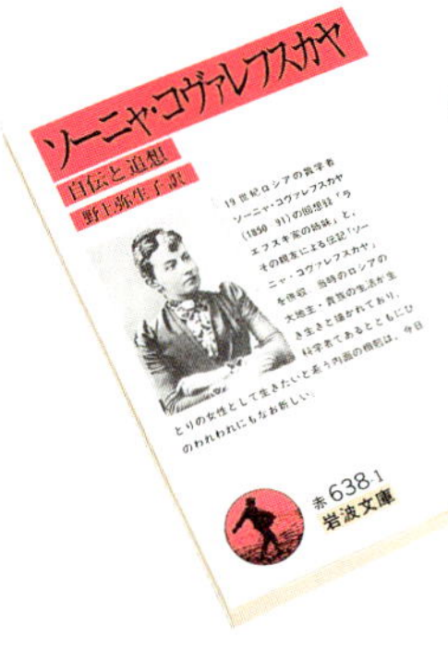

『ソーニャ・コヴァレフスカヤ 自伝《じでん》と追想《ついそう》』
野上弥生子《のがみやえこ》 訳《やく》 岩波書店《いわなみしょてん》

ソフィヤによる自伝的《じでんてき》な文学作品《ぶんがくさくひん》を収《おさ》めた本《ほん》。日本《にほん》でも広《ひろ》く読《よ》まれた。

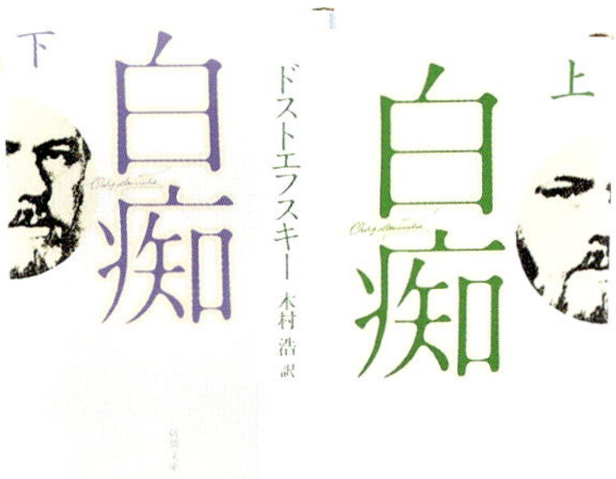

ドストエフスキー『白痴《はくち》』
木村浩《きむらひろし》 訳《やく》 新潮文庫《しんちょうぶんこ》

ソフィヤと姉《あね》のアンナは、ともに文学《ぶんがく》の才能豊《さいのうゆた》かな姉妹《しまい》で、文豪《ぶんごう》ドストエフスキーとも知《し》りあいだった。名作《めいさく》『白痴《はくち》』は、この姉妹《しまい》との交流《こうりゅう》がモチーフとして生《い》かされているという。

アニー・ジャンプ・キャノン

天文学者《てんもんがくしゃ》　●1863-1941年《ねん》／アメリカ

星《ほし》の分《ぶん》類《るい》法《ほう》を発《はっ》見《けん》した「ハーバード大《だい》学《がく》のコンピュータ」の1人《ひとり》

もちろん、自《じ》分《ぶん》の仕《し》事《ごと》が大《だい》好《す》きよ

（参考《さんこう》：Carole Gerber『Annie Jump Cannon, ASTRONOMER』Pelican Publishing Company）

アニーが友《ゆう》人《じん》に送《おく》った手《て》紙《がみ》の中《なか》の言《こと》葉《ば》です。当《とう》時《じ》、ハーバード大《だい》学《がく》天《てん》文《もん》台《だい》には、星《ほし》の写《しゃ》真《しん》をチェックして、そのデータを記《き》録《ろく》する女《じょ》性《せい》たちが、計《けい》算《さん》助《じょ》手《しゅ》として働《はたら》いていました。アニーもその1人《ひとり》で、星《ほし》を分《ぶん》類《るい》する作《さ》業《ぎょう》を45年《ねん》間《かん》も続《つづ》けました。

ハーバード大《だい》学《がく》天《てん》文《もん》台《だい》の自《じ》分《ぶん》のデスクに座《すわ》る、晩《ばん》年《ねん》のアニー。天《てん》体《たい》写《しゃ》真《しん》を立《た》てかけて見《み》るための台《だい》が手《て》前《まえ》にある。

地《じ》道《みち》な作《さ》業《ぎょう》を積《つ》み重《かさ》ね、天《てん》文《もん》学《がく》の基《き》礎《そ》をつくる

大《だい》学《がく》時《じ》代《だい》にしょう紅《こう》熱《ねつ》をわずらい、ほとんど聴《ちょう》力《りょく》を失《うしな》ったアニーは、卒《そつ》業《ぎょう》後《ご》は実《じっ》家《か》ですごしていました。しかし天《てん》文《もん》学《がく》への思《おも》いがつのり、30歳《さい》をすぎてから大《だい》学《がく》にもどります。そして、ハーバード大《だい》学《がく》天《てん》文《もん》台《だい》で当《とう》時《じ》「コンピュータ（計《けい》算《さん》者《しゃ》）」とよばれていた、計《けい》算《さん》助《じょ》手《しゅ》の女《じょ》性《せい》たちの1人《ひとり》として働《はたら》くことになりました。アニーにまかされたのは、天《てん》体《たい》の「スペクトル写《しゃ》真《しん》」を使《つか》って星《ほし》を分《ぶん》類《るい》する仕《し》事《ごと》でした。

アニーは1か月《げつ》に5000個《こ》というおどろくべきスピードで星《ほし》を分《ぶん》類《るい》しました。また、O《オー》、B《ビー》、A《エー》、F《エフ》、G《ジー》、K《ケー》、M《エム》の7つの型《かた》で星《ほし》を分《わ》ける、新《あら》たな分《ぶん》類《るい》法《ほう》を考《かん》え出《だ》します。この分《ぶん》類《るい》法《ほう》は現《げん》在《ざい》でも使《つか》われており、星《ほし》の進《しん》化《か》を研《けん》究《きゅう》する時《とき》の基《き》礎《そ》となっています。アニーが生《しょう》がいをかけて分《ぶん》類《るい》した星《ほし》は、およそ40万《まん》個《こ》にのぼりました。

スペクトル写《しゃ》真《しん》とは？

星《ほし》の光《ひかり》をプリズムで分《わ》け、それを望《ぼう》遠《えん》鏡《きょう》を通《とお》して写《しゃ》真《しん》に写《うつ》したもの。光《ひかり》は波《は》長《ちょう》ごとに分《わ》かれ、赤《あか》・黄《き》・緑《みどり》・青《あお》のバンドとなって見《み》えます。この見《み》え方《かた》は、星《ほし》のタイプ（後《のち》にわかったことですが、じつは星《ほし》の表《ひょう》面《めん》の温《おん》度《ど》）によってちがいます。

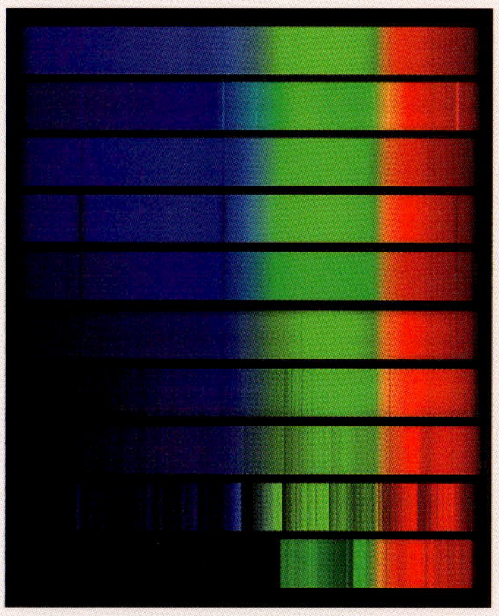

いろいろな星《ほし》のスペクトル。星《ほし》の名《な》の後《あと》の（　）はアニーが分《ぶん》類《るい》した型《かた》を示《しめ》す。

リーゼ・マイトナー

物理学者《ぶつりがくしゃ》 ●1878-1968年《ねん》／オーストリア出身《しゅっしん》

不自由《ふじゆう》な亡命生活《ぼうめいせいかつ》のなか
世界《せかい》をゆるがす大発見《だいはっけん》をした物理学者《ぶつりがくしゃ》

共同研究者《きょうどうけんきゅうしゃ》のオットー・ハーン（左《ひだり》）とリーゼ。リーゼが国《こく》外《がい》に亡命中《ぼうめいちゅう》、ハーンひとりにノーベル賞《しょう》がおくられた。ナチスの台頭《たいとう》までは、ドイツは世界《せかい》の科学《かがく》の中心《ちゅうしん》だった。

人生《じんせい》が内容豊《ないようゆた》かなものであるならば、平坦《へいたん》なものでなくてもかまわない

（参考《さんこう》：シャルロッテ・ケルナー『核分裂《かくぶんれつ》を発見《はっけん》した人《ひと》　リーゼ・マイトナーの生涯《しょうがい》』平野卿子《ひらのきょうこ》 訳《やく》、晶文社《しょうぶんしゃ》）

女性《じょせい》は高校《こうこう》に行《い》くことも許《ゆる》されなかった時代《じだい》、リーゼはひたすら勉強《べんきょう》して22歳《さい》で大学《だいがく》に入学《にゅうがく》し、その後《ご》、ドイツで研究者《けんきゅうしゃ》の道《みち》を切《き》りひらいていきます。女性《じょせい》であることでたびたび差別《さべつ》を受《う》けましたが、物理学《ぶつりがく》への情熱《じょうねつ》とこの言葉《ことば》が、いつもリーゼを支《ささ》えていました。

ナチスからのがれ、核分裂《かくぶんれつ》を発見《はっけん》

放射能《ほうしゃのう》の研究《けんきゅう》に打《う》ちこんだリーゼは、努力《どりょく》が認《みと》められてドイツ初《はつ》の女《じょ》性教授《せいきょうじゅ》になりました。ところがユダヤ人《じん》であるために、今度《こんど》はナチスによる迫害《はくがい》に苦《くる》しめられます。ドイツをはなれ、孤独《こどく》のなかで「原子核《げんしかく》が分裂《ぶんれつ》する」という重大《じゅうだい》な理論《りろん》を発見《はっけん》しましたが、ノーベル賞《しょう》を受賞《じゅしょう》したのは実験的研究《じっけんてきけんきゅう》を行《おこな》った共同研究者《きょうどうけんきゅうしゃ》のハーンだけでした。しかし、後《のち》にリーゼは人生《じんせい》をふり返《かえ》り、自分《じぶん》の望《のぞ》みは達《たっ》せられたと語《かた》っています。

イレーヌ・ジョリオ＝キュリー

物理学者《ぶつりがくしゃ》 ●1897-1956年《ねん》／フランス

人工放射性元素《じんこうほうしゃせいげんそ》を発見《はっけん》した物理学者《ぶつりがくしゃ》
母《はは》におとらぬ「すばらしい人生《じんせい》」

イレーヌは自由《じゆう》を愛《あい》した人《ひと》だった。パリがドイツにせん領《りょう》された時《とき》は抵抗運動《ていこううんどう》に参加《さんか》した。

死《し》を恐《おそ》れてはいないのよ。こんな素晴《すば》らしい人生《じんせい》を送《おく》れたんですもの！

（出典《しゅってん》：シャロン・バーチュ・マグレイン『お母《かあ》さん、ノーベル賞《しょう》をもらう』中村桂子《なかむらけいこ》 監訳《かんやく》、中村友子《なかむらともこ》 訳《やく》、工作舎《こうさくしゃ》）

放射能《ほうしゃのう》をあつかう研究《けんきゅう》を長《なが》い間続《あいだつづ》けたせいで、イレーヌは血液《けつえき》の病気《びょうき》（白血病《はっけつびょう》）にかかってしまいます。これは、死《し》をむかえる直前《ちょくぜん》にイレーヌが友人《ゆうじん》に語《かた》った言葉《ことば》です。

偉大《いだい》な母《はは》を尊敬《そんけい》し、同《おな》じ道《みち》を歩《あゆ》む

キュリー夫妻《ふさい》の長女《ちょうじょ》として生《う》まれたイレーヌは、14歳《さい》の時《とき》、母《はは》マリー（→p.24）のノーベル賞授賞式《しょうじゅしょうしき》に出席《しゅっせき》し、堂々《どうどう》とした母《はは》の姿《すがた》を見《み》て、同《おな》じ道《みち》に進《すす》もうと決《き》めました。

第一次世界大戦後《だいいちじせかいたいせんご》、母《はは》が設立《せつりつ》したラジウム研究所《けんきゅうじょ》の助手《じょしゅ》として働《はたら》き始《はじ》めたイレーヌは、そこでフレデリック・ジョリオに出会《であ》い、結婚《けっこん》します。以後《いご》、夫《おっと》と協力《きょうりょく》して放射性物質《ほうしゃせいぶっしつ》の研究《けんきゅう》を進《すす》めました。あと一歩《いっぽ》のところで、2度《ど》にわたってノーベル賞《しょう》をのがしましたが、1934年《ねん》に、ついに放射性《ほうしゃせい》元素《げんそ》を人工的《じんこうてき》につくり出《だ》すことに成功《せいこう》。フレデリックとともにノーベル賞《しょう》を受賞《じゅしょう》しました。

エミー・ネーター

数学者《すうがくしゃ》　●1882-1935年《ねん》／ドイツ出身《しゅっしん》

りっぱな肩書《かたがき》も、報酬《ほうしゅう》もないまま数学《すうがく》と物理学《ぶつりがく》に大《おお》きくこうけんした天才《てんさい》

エミーはがっしりした体格《たいかく》と、大《おお》きな声《こえ》と、あたたかい心《こころ》をもった女性《じょせい》だった。

アインシュタインが認《みと》めた数学《すうがく》の天才《てんさい》

エミーは22歳《さい》で、女性《じょせい》の入学《にゅうがく》がやっと認《みと》められたばかりの、地元《じもと》の大学《だいがく》に入学《にゅうがく》しました。その後《ご》、給料《きゅうりょう》も肩書《かたがき》もないまま大学《だいがく》で働《はたら》き、数学者《すうがくしゃ》の父《ちち》の代理《だいり》で講義《こうぎ》も行《おこな》うようになりました。

30代《だい》の初《はじ》めごろ「現代数学《げんだいすうがく》の父《ちち》」ダーフィット・ヒルベルトに才能《さいのう》を認《みと》められ、ゲッティンゲン大学《だいがく》に移《うつ》ります。ヒルベルトはアインシュタインの相対性理論《そうたいせいりろん》を公式化《こうしきか》する仕事《しごと》に取《と》り組《く》んでおり、エミーの能力《のうりょく》が大《おお》きく役立《やくだ》ちました。しかし、大学側《だいがくがわ》は女性《じょせい》であるエミーを講師《こうし》にすることすら認《みと》めません。40歳《さい》でようやく教授資格《きょうじゅしかく》をあたえられますが、給料《きゅうりょう》はなしのまま。それでもエミーは、研究者《けんきゅうしゃ》たちに多《おお》くのヒントをあたえ続《つづ》け、自分《じぶん》では「ネーターの定理《ていり》」という重要《じゅうよう》な定理《ていり》を完成《かんせい》させるなど、すぐれた業績《ぎょうせき》をあげます。

やがてナチスが権力《けんりょく》をにぎると、ユダヤ人《じん》のエミーは大学《だいがく》を追《お》われ、アメリカにわたって研究《けんきゅう》を続《つづ》けました。アインシュタインはそんなエミーを「創造的《そうぞうてき》な数学《すうがく》の天才《てんさい》」とたたえています。

ヘンリエッタ・スワン・リーヴィット

天文学者《てんもんがくしゃ》　●1868-1921年《ねん》／アメリカ

名門大学《めいもんだいがく》で学《まな》んだヘンリエッタですが、病気《びょうき》で難聴《なんちょう》になり、就職《しゅうしょく》は困難《こんなん》でした。それでも25歳《さい》の時《とき》、ハーバード大学天文台《だいがくてんもんだい》でボランティアとして働《はたら》き始《はじ》め、後《のち》に正式《せいしき》な計算助手《けいさんじょしゅ》になります。仕事《しごと》は、望遠鏡《ぼうえんきょう》で撮影《さつえい》された星《ほし》の写真《しゃしん》をチェックして、周期的《しゅうきてき》に明《あか》るさが変《か》わる「変光星《へんこうせい》」を探《さが》し出《だ》すこと。根気《こんき》のいる作業《さぎょう》でしたが、生《しょう》がいに2400個以上《こいじょう》の変光星《へんこうせい》を発見《はっけん》して「変光星発見《へんこうせいはっけん》の名人《めいじん》」とよばれました。

ヘンリエッタはまた、マゼラン星雲《せいうん》の中《なか》の星《ほし》を観察中《かんさつちゅう》に「明《あか》るさの変《か》わる周期《しゅうき》が長《なが》い星《ほし》ほど、より明《あか》るい（絶対光度《ぜったいこうど》が明《あか》るい）」と気《き》づきました。これが、新《あたら》しい時代《じだい》の天文学《てんもんがく》をひらくことになりました。天文学者《てんもんがくしゃ》は、変光星《へんこうせい》の周期《しゅうき》を利用《りよう》して星《ほし》までのきょりを測《はか》ることができるようになり、天《あま》の川銀河《がわぎんが》の大《おお》きさや銀河内《ぎんがない》での地球《ちきゅう》の位置《いち》を知《し》り、新《あたら》しい宇宙論《うちゅうろん》を発展《はってん》させていったのです。

ワレンチナ・ヴラジーミロヴナ・テレシコワ

宇宙飛行士《うちゅうひこうし》　●1937年《ねん》-／旧《きゅう》ソヴィエト連邦出身《れんぽうしゅっしん》

ソヴィエト連邦《れんぽう》の小《ち》さな農村《のうそん》に生《う》まれたワレンチナは、工場《こうじょう》で働《はたら》きながら勉強《べんきょう》し、地元《じもと》の航空《こうくう》クラブにも所属《しょぞく》して、パラシュート降下《こうか》に熱中《ねっちゅう》していました。

1961年《ねん》、ガガーリンが、史上初《しじょうはつ》の有人宇宙飛行《ゆうじんうちゅうひこう》を成功《せいこう》させました。ワレンチナは宇宙飛行士《うちゅうひこうし》へのあこがれをつのらせましたが、自分《じぶん》のようなふつうの女性《じょせい》が宇宙《うちゅう》に飛《と》び立《た》つことなどないと思《おも》っていました。

しかし、ソヴィエト連邦《れんぽう》は世界《せかい》で初《はじ》めて女性《じょせい》の宇宙飛行士《うちゅうひこうし》を養成《ようせい》する計画《けいかく》を打《う》ち出《だ》し、ワレンチナはこれに応募《おうぼ》します。そして、パラシュートの実力《じつりょく》を買《か》われ、みごと候補《こうほ》に選《えら》ばれました。これは国《くに》の重要機密《じゅうようきみつ》だったので、宇宙飛行《うちゅうひこう》の計画《けいかく》は親《おや》にも秘密《ひみつ》でした。

1963年《ねん》、ワレンチナは女性《じょせい》として初《はじ》めて宇宙《うちゅう》に旅立《たびだ》ちました。「ヤー・チャイカ（私《わたし》はカモメ）」――地上《ちじょう》と交信《こうしん》するワレンチナの声《こえ》は、世界中《せかいじゅう》の人《ひと》を感動《かんどう》させました。

保井《やすい》コノ

植物学者《しょくぶつがくしゃ》 ●1880-1971年《ねん》／日本《にほん》(香川出身《かがわしゅっしん》)

日本女性《にほんじょせい》で初《はつ》の学術論文《がくじゅつろんぶん》を発表《はっぴょう》
日本《にほん》で初《はじ》めての女性博士《じょせいはくし》となった植物学者《しょくぶつがくしゃ》

40歳《さい》のコノ。ミクロトームという器具《きぐ》で、けんび鏡用《きょうよう》に石炭《せきたん》の組《そ》織《しき》をうすく切《き》り出《だ》している。

名《な》を求《もと》めず、地位《ちい》を求《もと》めず、
ただ自分《じぶん》の仕事《しごと》が残《のこ》ってゆけば、
それだけで、自分《じぶん》は
十分満足《じゅうぶんまんぞく》してゆける

(参考《さんこう》：お茶《ちゃ》の水女子大学《みずじょしだいがく》ジェンダー研究《けんきゅう》センター編集《へんしゅう》・発行《はっこう》「保井《やすい》コノの生涯《しょうがい》」)

日本《にほん》の女性博士第《じょせいはくしだい》1号《ごう》となったコノは、博士号《はくしごう》を取得《しゅとく》した時《とき》にこう語《かた》っています。ほかに何《なに》も求《もと》めることなく、自分《じぶん》の道《みち》をただコツコツと歩《あゆ》む。それは生《しょう》がいを通《つう》じてのコノの研究《けんきゅう》に対《たい》する姿勢《しせい》でした。

実力《じつりょく》を武器《ぶき》に学問《がくもん》の道《みち》を歩《あゆ》む

「日本女性初《にほんじょせいはつ》の」――女性科学者《じょせいかがくしゃ》としてコノが成《な》しとげてきたことには、たびたびこの言葉《ことば》が加《くわ》えられます。女性《じょせい》差別《さべつ》が激《はげ》しく、学問《がくもん》をすることすら非難《ひなん》された時代《じだい》です。コノが書《か》いた物理《ぶつり》の教科書《きょうかしょ》は「女性《じょせい》に書《か》けるはずがない」と疑《うたが》われ、文部省《もんぶしょう》に認可《にんか》されなかったほどでした。しかし、コノは母《はは》や恩師《おんし》などの協力者《きょうりょくしゃ》にめぐまれ、研究《けんきゅう》に打《う》ちこんで、日本女性初《にほんじょせいはつ》の理学博士《りがくはくし》となりました。

戦後《せんご》は、母校《ぼこう》を国立《こくりつ》の女子大学《じょしだいがく》にするために活動《かつどう》しました。1949年《ねん》にお茶《ちゃ》の水女子大学《みずじょしだいがく》となった母校《ぼこう》で、コノは教授《きょうじゅ》として学生《がくせい》たちの育成《いくせい》に努《つと》めました。学問《がくもん》に厳《きび》しく、人《ひと》にはあたたかく。その生《い》き方《かた》は今《いま》も女性科学者《じょせいかがくしゃ》たちの目標《もくひょう》とされています。

女子学生《じょしがくせい》の指導《しどう》をするようす(右奥《みぎおく》の立《た》っている人物《じんぶつ》がコノ)。

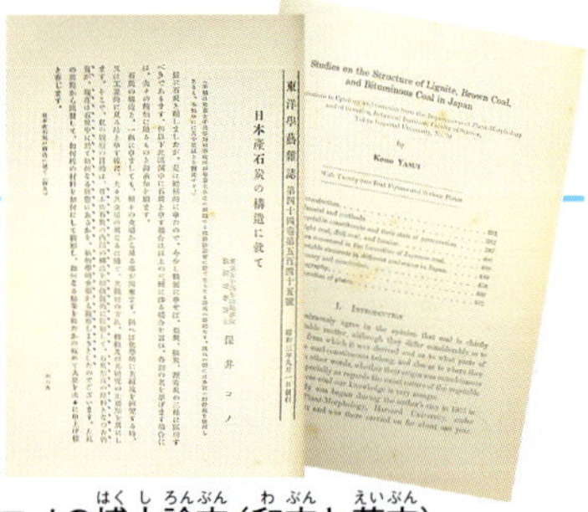

コノの博士論文《はくしろんぶん》(和文《わぶん》と英文《えいぶん》)

博士号《はくしごう》とは?

学問《がくもん》をする研究者《けんきゅうしゃ》にあたえられる、最高《さいこう》の学位《がくい》(称号《しょうごう》)であり資格《しかく》です。大学院《だいがくいん》を修《しゅう》了《りょう》し、博士論文《はくしろんぶん》を書《か》いて、その大学院《だいがくいん》の論《ろん》文審査《ぶんしんさ》と試験《しけん》に合格《ごうかく》するとあたえられます。

大学院《だいがくいん》を出《で》なくても、論文審査《ろんぶんしんさ》に合格《ごうかく》し、試験《しけん》によって実力《じつりょく》があると認《みと》められれば取《しゅ》得《とく》できます。大学《だいがく》の教授《きょうじゅ》になるには、博士《はくし》かそれに近《ちか》い業績《ぎょうせき》が必要《ひつよう》です。

子《こ》ども時代《じだい》　理科《りか》を学《まな》びたくて東京《とうきょう》へ

香川県《かがわけん》で回船問屋《かいせんどんや》を営《いとな》む家《いえ》に生《う》まれたコノは、勉強好《べんきょうず》きで活発《かっぱつ》な子《こ》どもでした。成績《せいせき》はいつも1番《ばん》。両親《りょうしん》ともに教育熱心《きょういくねっしん》で、父《ちち》は幼《おさな》いコノに福沢諭吉《ふくざわゆきち》の『学問《がくもん》のすゝ《す》め』を読《よ》むようにすすめています。女子師範学校《じょししはんがっこう》（→p.21）に入学《にゅうがく》したコノは、しだいに理科《りか》に興味《きょうみ》をもつようになり、18歳《さい》で東京《とうきょう》の女子高等師範学校《じょしこうとうしはんがっこう》（女高師《じょこうし》）の理科《りか》に進学《しんがく》しました。

［やりたいことがある。10年間《ねんかん》は何《なに》も言《い》わないでほしい］

女高師《じょこうし》に在学中《ざいがくちゅう》、ドイツ生《う》まれの新《あたら》しい学問《がくもん》「実験心理学《じっけんしんりがく》」の講義《こうぎ》をきいたコノは、これに夢中《むちゅう》になりました。実験心理学《じっけんしんりがく》には動物実験《どうぶつじっけん》が必要《ひつよう》なので、生物学《せいぶつがく》を学《まな》ぼうと決《き》めます。そして母親《ははおや》に、10年間《ねんかん》は何《なに》も言《い》わずにやらせてほしいとたのみました。理解《りかい》のある母《はは》は、それを許《ゆる》してくれました。

コノ（左上《ひだりうえ》）と母《はは》。学問《がくもん》が好《す》きで、時代《じだい》を見《み》る目《め》のある母《はは》だった。

34歳《さい》　女性科学者初《じょせいかがくしゃはつ》の海外留学《かいがいりゅうがく》へ

母校《ぼこう》の助教授《じょきょうじゅ》となったコノでしたが、女性科学者《じょせいかがくしゃ》の地位《ちい》は高《たか》くありませんでした。留学《りゅうがく》を願《ねが》い出《で》ても「女子《じょし》が科学《かがく》をやってもものになるまい」と言《い》われ、文部省《もんぶしょう》はなかなか許可《きょか》しませんでした。ようやく許可《きょか》された時《とき》には、留学《りゅうがく》の条件《じょうけん》に「家事研究《かじけんきゅう》」が加《くわ》えられていたそうです。

こうして、ようやくコノはアメリカに留学《りゅうがく》しました。そして、ハーバード大学《だいがく》で植物学《しょくぶつがく》の新《あたら》しい研究手法《けんきゅうしゅほう》を学《まな》び、日本産《にほんさん》の石炭《せきたん》の研究《けんきゅう》を始《はじ》めます。石炭《せきたん》は太古《たいこ》の樹木《じゅもく》が化石《かせき》になったもので、当時《とうじ》の日本《にほん》のおもな燃料《ねんりょう》でした。

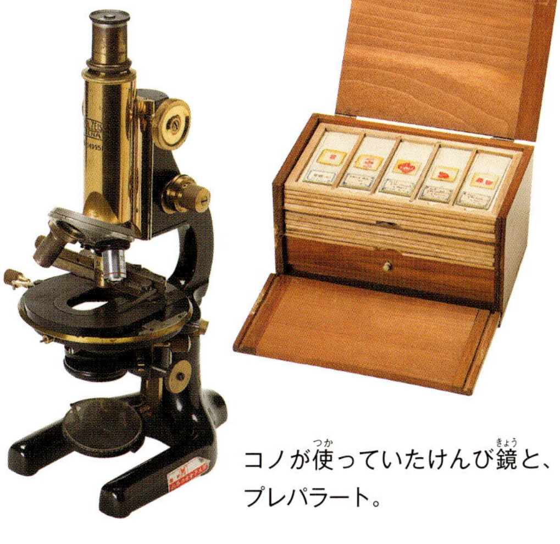

コノが使《つか》っていたけんび鏡《きょう》と、プレパラート。

25歳《さい》　日本女性初《にほんじょせいはつ》の学術論文《がくじゅつろんぶん》を発表《はっぴょう》

1905年《ねん》、母校《ぼこう》の女高師《じょこうし》[*1]に研究科《けんきゅうか》（上級《じょうきゅう》の科《か》）が新設《しんせつ》されると、1回生《かいせい》として入学《にゅうがく》し、動植物学《どうしょくぶつがく》の研究《けんきゅう》を始《はじ》めました。そして最初《さいしょ》の論文《ろんぶん》「鯉《こい》のウエーベル氏器官《しきかん》[*2]について」を発表《はっぴょう》します。これは、日本《にほん》の女性《じょせい》が書《か》いた初《はじ》めての学術論文《がくじゅつろんぶん》でした。1911年《ねん》には、海外《かいがい》の専門誌《せんもんし》にも論文《ろんぶん》を発表《はっぴょう》し、コノは着々《ちゃくちゃく》と科学者《かがくしゃ》の道《みち》を歩《あゆ》んでいきました。

＊1 1908年《ねん》に「東京女子高等師範学校《とうきょうじょしこうとうしはんがっこう》」と改名《かいめい》した。1949年《ねん》に「お茶《ちゃ》の水女子大学《みずじょしだいがく》」となる。

＊2 ウェーベル氏器官《しきかん》……ウェーバー器官《きかん》ともいう。コイやナマズなど一部《いちぶ》の魚《さかな》が頭部《とうぶ》にもつ器官《きかん》で、耳《みみ》のかわりにこれで音《おと》を感《かん》じとる。

47歳《さい》　日本初《にほんはつ》の女性博士誕生《じょせいはくしたんじょう》

帰国後《きこくご》、東京女子高等師範学校《とうきょうじょしこうとうしはんがっこう》の教授《きょうじゅ》にむかえられたコノは、さらに東京帝国大学《とうきょうていこくだいがく》で石炭《せきたん》の研究《けんきゅう》を続《つづ》けました。植物《しょくぶつ》が石炭化《せきたんか》していく時《とき》、その組織《そしき》がどう変化《へんか》していくのかを調《しら》べるのです。コノは日本中《にほんじゅう》の炭鉱《たんこう》を訪《たず》ね歩《ある》き、地下《ちか》30mの危険《きけん》なたて穴《あな》におりて石炭《せきたん》を集《あつ》めました。石炭《せきたん》だけでなく、植物《しょくぶつ》の細胞的《さいぼうてき》・遺伝的《いでんてき》な研究《けんきゅう》も続《つづ》けました。

1927年《ねん》、石炭《せきたん》の植物学的研究《しょくぶつがくてきけんきゅう》の成果《せいか》によって博士号《はくしごう》が授与《じゅよ》され、コノはついに日本初《にほんはつ》の女性博士《じょせいはくし》になりました。

コノの写真機《しゃしんき》。

論文《ろんぶん》にはわかりやすい図《ず》も必要《ひつよう》なので、自分《じぶん》で絵《え》を描《えが》いた。写真《しゃしん》をとることもあった。これはマツバボタンのスケッチ。

増《ます》井《い》光《みつ》子《こ》

獣医師《じゅういし》 ●1937-2010年《ねん》／日本《にほん》（大阪出身《おおさかしゅっしん》）

世界中《せかいじゅう》の動物《どうぶつ》を愛《あい》して 動物園《どうぶつえん》の獣医師《じゅういし》に、そして園長《えんちょう》に

動物園《どうぶつえん》の来園者《らいえんしゃ》に動物《どうぶつ》の説明《せつめい》をする光子《みつこ》。よこはま動物園《どうぶつえん》ズーラシアにて。

願《ねが》えば、かなう。

（参考《さんこう》：増井光子《ますいみつこ》『動物《どうぶつ》が好《す》きだから』どうぶつ社《しゃ》　ほか）

光子《みつこ》が信念《しんねん》としていた言葉《ことば》です。女性《じょせい》だからという理由《りゆう》で上野動物園《うえのどうぶつえん》への就職《しゅうしょく》がなかなか決《き》まらなかった時《とき》も、光子《みつこ》はこの信念《しんねん》を胸《むね》にねばり続《つづ》け、ついに夢《ゆめ》をかなえました。

動物《どうぶつ》を見《み》つめ続《つづ》けて

女性初《じょせいはつ》の動物園《どうぶつえん》の獣医師《じゅういし》となった光子《みつこ》は、獣医師《じゅういし》としての腕《うで》をみがくだけでなく、動物《どうぶつ》のよりよい飼育《しいく》環境《かんきょう》についても考《かんが》えていました。休日《きゅうじつ》は寝袋《ねぶくろ》をかついで、国内外《こくないがい》の野生動物《やせいどうぶつ》と彼《かれ》らの暮《く》らす環境《かんきょう》を見《み》て回《まわ》りました。こうした動物《どうぶつ》への探求心《たんきゅうしん》は、生《しょう》がい失《うしな》われることはありませんでした。

井《い》の頭《かしら》自然文化園《しぜんぶんかえん》、多摩動物公園《たまどうぶつこうえん》、上野動物園《うえのどうぶつえん》、よこはま動物園《どうぶつえん》ズーラシアなどで、つぎつぎと園長《えんちょう》を務《つと》めた光子《みつこ》は、多《おお》くの取材《しゅざい》を受《う》け、講演《こうえん》や執筆活動《しっぴつかつどう》も精力的《せいりょくてき》に行《おこな》いました。動物《どうぶつ》のすばらしさを多《おお》くの人《ひと》に知《し》ってもらうことが、動物園《どうぶつえん》の役割《やくわり》であり、自然保護《しぜんほご》につながると考《かんが》えていたためです。そして動物園《どうぶつえん》の中《なか》だけにとどまらず、広《ひろ》く動物《どうぶつ》たちに愛情《あいじょう》を注《そそ》ぎ続《つづ》けました。

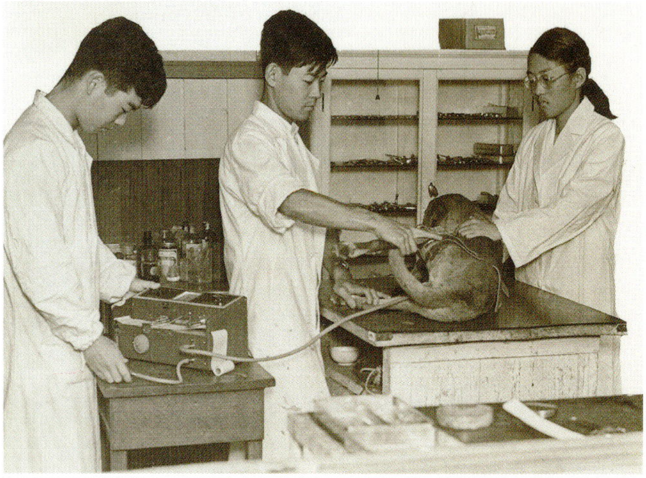
麻布獣医科大学《あざぶじゅういかだいがく》（現在《げんざい》の麻布大学《あざぶだいがく》）でイヌの血圧測定《けつあつそくてい》をする光子《みつこ》（右《みぎ》）。

『60歳《さい》で夢《ゆめ》を見《み》つけた』（紀伊國屋書店《きのくにやしょてん》）
光子《みつこ》は大学時代《だいがくじだい》に馬術《ばじゅつ》に出会《であ》い、60歳《さい》をすぎてからも競技選手《きょうぎせんしゅ》として国際大会《こくさいたいかい》に出場《しゅつじょう》した。これは、光子《みつこ》がウマと自分《じぶん》の人生《じんせい》についてつづった著書《ちょしょ》。

増井光子《ますいみつこ》の人生《じんせい》をたどってみよう

子《こ》ども時代《じだい》　人形《にんぎょう》よりも生《い》き物《もの》が好《す》き

戦前《せんぜん》の大阪市《おおさかし》に生《う》まれた光子《みつこ》は、生《い》き物《もの》に興《きょう》味《み》をもち、ミミズやハサミムシ、ダンゴムシと遊《あそ》ぶ毎日《まいにち》でした。戦争《せんそう》が激《はげ》しくなると、生駒山《いこまやま》のふもとの村《むら》に疎開《そかい》しますが、自然豊《しぜんゆた》かなその場所《ばしょ》は光子《みつこ》にとって最高《さいこう》の環境《かんきょう》でした。このころすでに、獣医師《じゅういし》になろうと心《こころ》に決《き》めていました。

18歳《さい》　上京《じょうきょう》し、麻布獣医科大学《あざぶじゅういかだいがく》で獣医師《じゅういし》をめざす

光子《みつこ》は麻布獣医科大学《あざぶじゅういかだいがく》(現在《げんざい》の麻布大学《あざぶだいがく》)に入学《にゅうがく》し、意欲《いよく》的《てき》に勉強《べんきょう》しました。女子学生《じょしがくせい》はたった2人《り》だけ。馬術部《ばじゅつぶ》や剣道部《けんどうぶ》にも入《はい》り、活《かつ》やくします。卒業後《そつぎょうご》は動物園《どうぶつえん》で働《はたら》きたいと考《かんが》えますが、いざ就職《しゅうしょく》となると、なかなか決《き》まりません。光子《みつこ》は園長《えんちょう》に直接《ちょくせつ》たのみこみ、無給《むきゅう》でもいいからとねばり続《つづ》け、ついに臨時職員《りんじしょくいん》での採用《さいよう》を手《て》にしました。

剣道部《けんどうぶ》でも活《かつ》やくした(右《みぎ》)。

愛犬《あいけん》のジロ公《こう》と。光子《みつこ》は、とりわけイヌとウマが好《す》きだった。

22歳《さい》　上野動物園《うえのどうぶつえん》で初《はつ》の女性獣医師《じょせいじゅういし》

光子《みつこ》の採用《さいよう》には多《おお》くの人《ひと》が反対《はんたい》しました。「やらせてみなきゃわからない」と説得《せっとく》してくれた園長《えんちょう》に、光子《みつこ》は心《こころ》から感謝《かんしゃ》し、その言葉《ことば》にこたえたいと一生《いっしょう》けんめい働《はたら》きました。光子《みつこ》の熱意《ねつい》あふれる仕事《しごと》ぶりは、だれもが認《みと》めるものでした。

1985～86年《ねん》、上野動物園《うえのどうぶつえん》は日本《にほん》で初《はじ》めて人工授精《じんこうじゅせい》によるパンダの赤《あか》ちゃん誕生《たんじょう》に成功《せいこう》しました。この時《とき》、母《はは》パンダの主治医《しゅじい》として活《かつ》やくしたのが、光子《みつこ》でした。

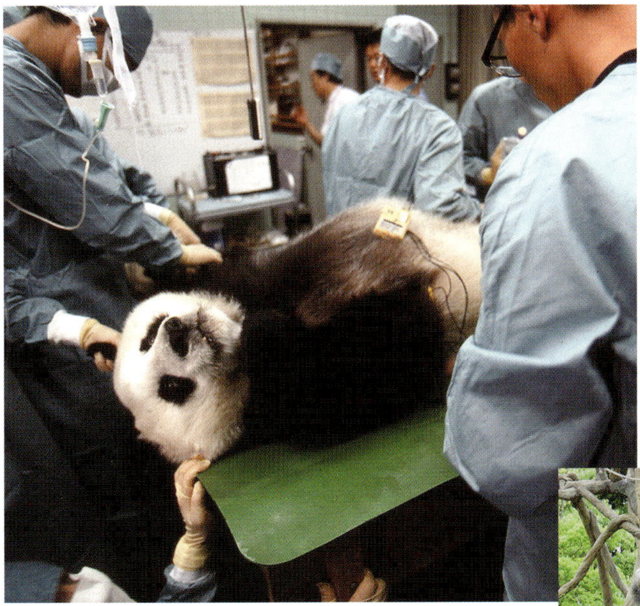

パンダの人工授精《じんこうじゅせい》のようす(1986年《ねん》)。周《まわ》りからの期待《きたい》が大《おお》きい仕事《しごと》だったが、「やれるだけのことをやったら、後《あと》はなるようになる」と考《かんが》え、落《お》ち着《つ》いていた。中国《ちゅうごく》の論文《ろんぶん》を取《と》り寄《よ》せて読《よ》み、獣医師《じゅういし》を中国《ちゅうごく》へ派《は》けんして研究《けんきゅう》した。

動物《どうぶつ》を飼育《しいく》する環境《かんきょう》を考《かんが》えて

30代《だい》のころ、光子《みつこ》は初《はじ》めてアフリカを旅行《りょこう》します。厳《きび》しい環境《かんきょう》で生《い》きる野生動物《やせいどうぶつ》の美《うつく》しい姿《すがた》に感動《かんどう》した光子《みつこ》は、動物園《どうぶつえん》でも野生《やせい》に近《ちか》い環境《かんきょう》で飼《か》うべきではないかと、動物園《どうぶつえん》のあり方《かた》を考《かんが》えるようになります。1999年《ねん》、光子《みつこ》は、よこはま動物園《どうぶつえん》ズーラシアの初代園長《しょだいえんちょう》にむかえられます。本来《ほんらい》の生息地《せいそくち》の環境《かんきょう》にできるだけ近《ちか》づけようというこの新《あたら》しい動物園《どうぶつえん》は、光子《みつこ》の理想《りそう》に近《ちか》いものでした。

よこはま動物園《どうぶつえん》ズーラシアのチンパンジー。アフリカのように高《たか》い樹《き》の上《うえ》ですごせる。

レイチェル・カーソン

海洋生物学者《かいようせいぶつがくしゃ》・作家《さっか》 ●1907-1964年《ねん》／アメリカ

美《うつく》しい文章《ぶんしょう》で自然《しぜん》をたたえ、『沈黙《ちんもく》の春《はる》』で環境問題《かんきょうもんだい》をうったえた生物学者《せいぶつがくしゃ》

地球《ちきゅう》の美《うつく》しさと神秘《しんぴ》を
感《かん》じとれる人《ひと》は、
科学者《かがくしゃ》であろうとなかろうと、
人生《じんせい》に飽《あ》きて疲《つか》れたり、
孤独《こどく》にさいなまれることは
けっしてないでしょう。

（出典《しゅってん》：『センス・オブ・ワンダー』上遠恵子《かみとおけいこ》 訳《やく》 新潮社《しんちょうしゃ》）

レイチェルはもの静《しず》かな、ひかえめな性格《せいかく》で、有名《ゆうめい》になっても周《まわ》りの人《ひと》への態度《たいど》は変《か》わらなかったという。

レイチェルが、著書《ちょしょ》『センス・オブ・ワンダー』で語《かた》った言葉《ことば》です。センス・オブ・ワンダーとは、自然《しぜん》の神秘《しんぴ》や不思議《ふしぎ》に目《め》をみはる感性《かんせい》のこと。農薬《のうやく》の害《がい》を社会《しゃかい》にうったえた時《とき》も、彼女《かのじょ》のなかにあったのは、自然《しぜん》を敬《うやま》い愛《あい》する心《こころ》でした。

豊《ゆた》かな自然《しぜん》、鳥《とり》や虫《むし》の世界《せかい》を尊《とうと》び、世界《せかい》に「環境問題《かんきょうもんだい》」への目《め》を開《ひら》かせた

子《こ》どものころから豊《ゆた》かな自然《しぜん》を愛《あい》し、作家《さっか》になることを夢見《ゆめみ》ていたレイチェルは、大学《だいがく》で生物学《せいぶつがく》のとりこになり、生物《せいぶつ》の研究者《けんきゅうしゃ》へと進路《しんろ》を変《か》えました。生活《せいかつ》のために書《か》いた、海《うみ》の生物《せいぶつ》をめぐる文章《ぶんしょう》が専門家《せんもんか》に認《みと》められ、やがてベストセラー作家《さっか》になります。

しかし、そのころアメリカでは、ききめの強《つよ》い大量《たいりょう》の農薬《のうやく》が環境《かんきょう》を汚染《おせん》し、自然《しぜん》の姿《すがた》を急《きゅう》にひどく変《か》えてしまうという事態《じたい》が起《お》こっていました。レイチェルは調査《ちょうさ》を行《おこな》い、４年《ねん》の年月《ねんげつ》をかけて、たくみな筆《ふで》でそれを告発《こくはつ》する本《ほん》を書《か》き上《あ》げました。

それが1962年発表《ねんはっぴょう》の『沈黙《ちんもく》の春《はる》』です。農薬《のうやく》をつくる会社《かいしゃ》などからの強《つよ》い批判《ひはん》にさらされながらも、この本《ほん》は全世界《ぜんせかい》に広《ひろ》まり、環境問題《かんきょうもんだい》の大切《たいせつ》さを人々《ひとびと》に気《き》づかせる大《おお》きな役割《やくわり》を果《は》たしました。

レイチェルの著書《ちょしょ》（日本《にほん》で出版《しゅっぱん》されているほん訳書《やくしょ》）。
左《ひだり》から、『沈黙《ちんもく》の春《はる》』（青樹簗一《あおきりょういち》 訳《やく》、新潮文庫《しんちょうぶんこ》）、『われらをめぐる海《うみ》』（日下実男《くさかじつお》 訳《やく》、早川書房《はやかわしょぼう》）、『潮風《しおかぜ》の下《もと》で』（上遠恵子《かみとおけいこ》 訳《やく》、岩波書店《いわなみしょてん》）、『海辺《うみべ》』（上遠恵子《かみとおけいこ》 訳《やく》、平凡社《へいぼんしゃ》）、『センス・オブ・ワンダー』（上遠恵子《かみとおけいこ》 訳《やく》、新潮社《しんちょうしゃ》）。

11歳《さい》 森《もり》や草原《そうげん》、小川《おがわ》のほとりで

レイチェルはアメリカで農場《のうじょう》を営《いとな》む家《いえ》に生《う》まれ、豊《ゆた》かな自然《しぜん》のなかですごしました。母親《ははおや》といっしょに森《もり》や草原《そうげん》、小川《おがわ》のほとりを歩《ある》きながら、植物《しょくぶつ》や虫《むし》や動物《どうぶつ》が、たがいに関《かか》わりあって生《い》きていること、人間《にんげん》と対等《たいとう》な存在《そんざい》であることを知《し》り、それぞれの生命《せいめい》のすばらしさを学《まな》びました。

文章《ぶんしょう》を書《か》くことも好《す》きで、11歳《さい》の時《とき》に初《はじ》めて雑誌《ざっし》に文章《ぶんしょう》が載《の》りました。将来《しょうらい》の夢《ゆめ》は作家《さっか》になることでした。

ペンシルベニア州《しゅう》にあるレイチェルの生家《せいか》。

雑誌《ざっし》に文章《ぶんしょう》が載《の》った子《こ》どもたち

雑誌《ざっし》『セント・ニコラス』は、子《こ》どもの投稿作文《とうこうさくぶん》からすぐれたものを掲載《けいさい》していました。ここに作文《さくぶん》が載《の》った子《こ》どもには、レイチェルのほか、後《のち》の有名作家《ゆうめいさっか》ウィリアム・フォークナーやスコット・フィッツジェラルドがいます。

18歳《さい》 生物学《せいぶつがく》と、あこがれの海《うみ》に出会《であ》う

レイチェルは、一度《いちど》も海《うみ》を見《み》たことがありませんでした。だんろの上《うえ》にかざられていた貝《かい》がらを耳《みみ》にあて、はるかな海《うみ》を想像《そうぞう》するだけだったのです。ところが、大学《だいがく》に入《はい》って生物学《せいぶつがく》の授業《じゅぎょう》をとると、夏期研修《かきけんしゅう》で海洋生物《かいようせいぶつ》の研究所《けんきゅうじょ》に行《い》くことになりました。レイチェルは海《うみ》とそこにいる生物《せいぶつ》たちに夢中《むちゅう》になり、もっと海《うみ》の生命《せいめい》を研究《けんきゅう》したくなりました。こうして作家志望《さっかしぼう》だった少女《しょうじょ》は、生物学者《せいぶつがくしゃ》へと進路《しんろ》を変《か》えたのです。

レイチェルが夏期研修《かきけんしゅう》に行《い》った、コッド岬《みさき》とウッズホール海洋生物学研究所《かいようせいぶつがくけんきゅうじょ》(マサチューセッツ州《しゅう》)。

28歳《さい》 父《ちち》の死《し》、そして 生活《せいかつ》のために文章《ぶんしょう》を書《か》く

大学《だいがく》を卒業《そつぎょう》すると大学院《だいがくいん》に進《すす》み、動物《どうぶつ》の発生遺伝学《はっせいいでんがく》を研究《けんきゅう》しました。そのかたわら、詩《し》や散文《さんぶん》も書《か》きました。

やがて父《ちち》が亡《な》くなり、レイチェルは家計《かけい》を支《ささ》えるために仕事《しごと》を始《はじ》めます。この時《とき》の仕事《しごと》は、魚《さかな》など海《うみ》の生物《せいぶつ》をしょうかいする、ラジオ番組《ばんぐみ》のシナリオを書《か》くことでした。1年続《ねんつづ》いたこの番組《ばんぐみ》のシナリオは評判《ひょうばん》がよく、やがて本《ほん》を書《か》く仕事《しごと》もするようになりました。

初《はじ》めての出版《しゅっぱん》『潮風《しおかぜ》の下《もと》で』

1941年《ねん》に初《はじ》めて出版《しゅっぱん》した本《ほん》『潮風《しおかぜ》の下《もと》で』は、大西洋岸《たいせいようがん》に生《い》きる海鳥《うみどり》や魚《さかな》、ほ乳類《にゅうるい》たちの姿《すがた》をいきいきと描《えが》き出《だ》した自然文学《しぜんぶんがく》で、専門家《せんもんか》から高《たか》い評価《ひょうか》を受《う》けました。しかし、第二次世界大戦《だいにじせかいたいせん》のもとでは、思《おも》うようには売《う》れませんでした。

レイチェルの第《だい》1作《さく》、『潮風《しおかぜ》の下《もと》で』の原書《げんしょ》。原書《げんしょ》のタイトルは“Under the Sea-Wind”(Oxford University Press社《しゃ》刊《かん》)。

44歳《さい》 『われらをめぐる海《うみ》』がベストセラーに

第《だい》2作《さく》『われらをめぐる海《うみ》』。原題《げんだい》は "The Sea Around Us" (Oxford University Press社《しゃ》刊《かん》)。

戦争《せんそう》が終《お》わり、第《だい》２作《さく》『われらをめぐる海《うみ》』を発表《はっぴょう》すると、たちまちベストセラーになりました。第《だい》１作《さく》も再販《さいはん》されてベストセラーになり、第《だい》３作《さく》『海辺《うみべ》』が、またもベストセラーに。そして多《おお》くの賞《しょう》を受《う》けます。

レイチェルは、詩情豊《しじょうゆた》かな文章力《ぶんしょうりょく》をもつ科学読物作家《かがくよみものさっか》として、押《お》しも押《お》されもせぬ地位《ちい》を築《きず》いたのです。

第《だい》3作《さく》『海辺《うみべ》』。原題《げんだい》は "The Edge of the Sea" (Houghton Mifflin社《しゃ》刊《かん》)。
※日本語版《にほんごばん》の写真《しゃしん》はp.36にあります。

50歳《さい》 友人《ゆうじん》からの悲痛《ひつう》な手紙《てがみ》 大量《たいりょう》の農薬《のうやく》による害《がい》を調《しら》べる

ある日《ひ》、友人《ゆうじん》から、１通《つう》の手紙《てがみ》が届《とど》きました。森《もり》の上空《じょうくう》から、飛行機《ひこうき》がＤＤＴ《ディーディーティー》という農薬《のうやく》（殺虫剤《さっちゅうざい》）を大量《たいりょう》にまいた後《あと》、鳥《とり》たちがつぎつぎに死《し》んでしまったというのです。友人《ゆうじん》は、有名《ゆうめい》作家《さっか》であるレイチェルに、それを告発《こくはつ》する本《ほん》を書《か》いてほしいと願《ねが》っていました。

レイチェルも、書《か》かなければならないと決意《けつい》しました。植物《しょくぶつ》の研究者《けんきゅうしゃ》や、虫《むし》やカエルなど小動物《しょうどうぶつ》の研究者《けんきゅうしゃ》、薬物《やくぶつ》の研究者《けんきゅうしゃ》、農業《のうぎょう》の研究者《けんきゅうしゃ》など、多《おお》くの専門家《せんもんか》と連絡《れんらく》をとり、根気《こんき》よくデータを集《あつ》めて、慎重《しんちょう》に執筆《しっぴつ》を進《すす》めました。

こうして4年《ねん》の歳月《さいげつ》をかけて、歴史《れきし》に残《のこ》る一冊《いっさつ》、『沈黙《ちんもく》の春《はる》』が世《よ》に出《で》たのです。

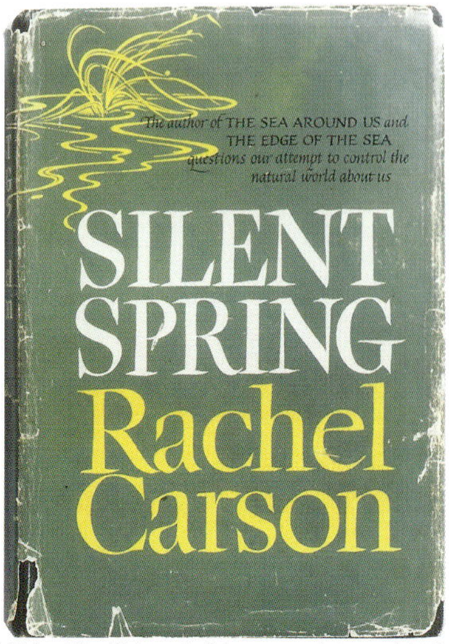

『沈黙《ちんもく》の春《はる》』原書《げんしょ》の初版《しょはん》（1962年《ねん》）。「沈黙《ちんもく》の春《はる》」とは、農薬《のうやく》のために鳥《とり》が死《し》に、鳴《な》き声《ごえ》のしない春《はる》になるという意味《いみ》。原題《げんだい》は "Silent Spring" (Houghton Mifflin社《しゃ》刊《かん》)。

DDT《ディーディーティー》とは?

第二次世界大戦中《だいにじせかいたいせんちゅう》、蚊《か》やシラミの退治《たいじ》に、さかんに使《つか》われた殺虫剤《さっちゅうざい》です。虫《むし》からマラリアなどの病気《びょうき》がうつるのを防《ふせ》ぐ目的《もくてき》で使《つか》われましたが、ききめが強《つよ》く、害虫《がいちゅう》以外《いがい》の生物《せいぶつ》にも毒《どく》になります。それにもかかわらず、戦後《せんご》はアメリカや日本《にほん》で、DDT《ディーディーティー》などの強《つよ》い化学薬品《かがくやくひん》が、農薬《のうやく》として大量《たいりょう》に使《つか》われました。

レイチェルがとくに心配《しんぱい》したのは、森《もり》や川《かわ》に入《はい》った薬品《やくひん》が生物《せいぶつ》の体内《たいない》に残《のこ》り、その生物《せいぶつ》を食《た》べた者《もの》の体《からだ》にもえいきょうがおよび、大《おお》きな被害《ひがい》につながるということでした。薬品《やくひん》を体内《たいない》に取《と》りこんだ小《ちい》さな生物《せいぶつ》をたくさん食《た》べれば、食《た》べた側《がわ》の体内《たいない》には、たくさんの薬品《やくひん》が残《のこ》ることになるためです（生物濃縮《せいぶつのうしゅく》）。

55歳《さい》 『沈黙《ちんもく》の春《はる》』が巻《ま》き起《お》こしたセンセーション

『沈黙《ちんもく》の春《はる》』の出版前《しゅっぱんまえ》、雑誌《ざっし》にその一部《いちぶ》が連載《れんさい》されただけで、もう世間《せけん》では大《おお》きな反響《はんきょう》が巻《ま》き起《お》こっていました。農薬《のうやく》をつくる会社《かいしゃ》や、それに関《かか》わる人々《ひとびと》はレイチェルに強《つよ》い非難《ひなん》をあびせ、それ以外《いがい》の人々《ひとびと》は、そこに描《えが》かれたあまりにもおそろしい内容《ないよう》にふるえたのです。

しかし、これに注目《ちゅうもく》したケネディ大統領《だいとうりょう》が特別委員会《とくべついいんかい》を組織《そしき》して農薬問題《のうやくもんだい》を研究《けんきゅう》させたところ、レイチェルの正《ただ》しさは証明《しょうめい》されました。

あまりの反響《はんきょう》ぶりに、新聞《しんぶん》では「『沈黙《ちんもく》の春《はる》』、今《いま》や『さわがしい夏《なつ》』に」という見出《みだ》しで記事《きじ》が書《か》かれた。
（「New York Times」、1962年《ねん》7月《がつ》22日《にち》）

『沈黙《ちんもく》の春《はる》』が語《かた》ったこと

第《だい》1章《しょう》は「アメリカの奥深《おくふか》くわけ入《い》ったところに、ある町《まち》があった。」*という書《か》き出《だ》しで始《はじ》まります。架空《かくう》の町《まち》を舞台《ぶたい》に、自然《しぜん》に対《たい》する人間《にんげん》の危険《きけん》な介入《かいにゅう》によって、生物《せいぶつ》が死《し》んでいくようすを描《えが》いた章《しょう》です。続《つづ》く章《しょう》のなかで、次《つぎ》のようなことが語《かた》られます。

○人工的《じんこうてき》に合成《ごうせい》された化学薬品《かがくやくひん》の種類《しゅるい》とその効果《こうか》
○大量《たいりょう》の薬品《やくひん》によって死《し》んだ生物《せいぶつ》の記録《きろく》
○生物《せいぶつ》と環境《かんきょう》の関《かか》わりあいのなかで、被害《ひがい》が連鎖《れんさ》していくことへの警告《けいこく》
○自然《しぜん》をよく知《し》り、環境《かんきょう》をコントロールするにも自然《しぜん》の力《ちから》をうまく利用《りよう》することが必要《ひつよう》だということ

＊『沈黙《ちんもく》の春《はる》』青樹簗一《あおきりょういち》 訳《やく》、新潮社《しんちょうしゃ》（1974年《ねん》）より

著書《ちょしょ》『沈黙《ちんもく》の春《はる》』を開《ひら》くレイチェル。

56歳《さい》 病気《びょうき》をおして、自然《しぜん》と生命《せいめい》のために

『沈黙《ちんもく》の春《はる》』がベストセラーになり、人々《ひとびと》が環境問題《かんきょうもんだい》にめざめていくなかで、レイチェル自身《じしん》は病気《びょうき》とたたかっていました。執筆中《しっぴつちゅう》にわかったことですが、がんにかかっていたのです。でもレイチェルは、病《やまい》をおして執筆《しっぴつ》を続《つづ》け、重要《じゅうよう》な会議《かいぎ》で環境汚染《かんきょうおせん》について発言《はつげん》し、信念《しんねん》にしたがって働《はたら》きました。

『センス・オブ・ワンダー』

晩年《ばんねん》のレイチェルは、亡《な》くなった姪《めい》の子《こ》どもをひきとって育《そだ》てていました。そして、子《こ》どもが自然《しぜん》の神秘《しんぴ》にすなおにおどろき感動《かんどう》するのを、いっしょになって楽《たの》しみました。この体験《たいけん》をつづった文《ぶん》は、彼女《かのじょ》の死後《しご》、『センス・オブ・ワンダー』として出版《しゅっぱん》されました。

『センス・オブ・ワンダー』原書《げんしょ》の初版《しょはん》（1965年《ねん》）。原題《げんだい》は“The Sense of Wonder”（Harper & Row社《しゃ》 刊《かん》）。

ダイアン・フォッシー

動物学者《どうぶつがくしゃ》・野生動物保護活動家《やせいどうぶつほごかつどうか》　●1932-1985年《ねん》／アメリカ出身《しゅっしん》

学歴《がくれき》にしばられず、研究《けんきゅう》の道《みち》へ ゴリラと交流《こうりゅう》し、保護《ほご》のためにつくした動物学者《どうぶつがくしゃ》

ゴリラの子《こ》どもと交流《こうりゅう》するダイアン。アフリカ中部《ちゅうぶ》のルワンダにて。

夢《ゆめ》は 待《ま》っているだけで 実現《じつげん》するもの ではない

（出典《しゅってん》：『霧《きり》のなかのゴリラ』
羽田節子《はねだせつこ》・山下恵子《やましたけいこ》 訳《やく》、早川書房《はやかわしょほう》）

31歳《さい》のころ、そう考《かんが》えたダイアンがとった行動《こうどう》は、待《ま》つのをやめることでした。あこがれ続《つづ》けたアフリカの地《ち》へ、旅《たび》に出《で》る決意《けつい》をしたのです。この旅《たび》で出会《であ》った野生《やせい》のマウンテンゴリラに、ダイアンは心《こころ》をうばわれました。

ゴリラを愛《あい》し、密猟者《みつりょうしゃ》と戦《たたか》いぬいた生《しょう》がい

ゴリラの研究者《けんきゅうしゃ》になる。心《こころ》に決《き》めたダイアンは、アフリカで発掘《はっくつ》調査《ちょうさ》を行《おこな》う人類学者《じんるいがくしゃ》ルイス・リーキーを訪《たず》ね、夢《ゆめ》だったゴリラの野《や》外調査《がいちょうさ》をまかされます。

警戒心《けいかいしん》が強《つよ》いゴリラに近《ちか》づくためにダイアンがとった方法《ほうほう》は、だれも行《おこな》ったことのないものでした。鳴《な》き声《ごえ》やしぐさをまね、ゴリラと同《おな》じように行動《こうどう》したのです。やがてゴリラたちに受《う》け入《い》れられたダイアンは、ゴリラの自然《しぜん》な姿《すがた》を観《かん》察《さつ》、記録《きろく》することに成功《せいこう》しました。

アフリカでの日々《ひび》は、ゴリラをとらえようとする密猟者《みつりょうしゃ》たちとの戦《たたか》いでもありました。相手《あいて》は貧《まず》しい生活《せいかつ》ゆえに密猟《みつりょう》を行《おこな》う現地《げんち》の村《むら》人《びと》たちでしたが、絶《ぜつ》めつ寸前《すんぜん》のゴリラを守《まも》ろうとするダイアンの怒《いか》りは激《はげ》しく、その対立《たいりつ》は日増《ひま》しに深刻《しんこく》になっていきました。

そんなある日《ひ》、ダイアンは何者《なにもの》かによって殺《ころ》され、悲劇的《ひげきてき》な最期《さいご》をとげるのです。批判《ひはん》をおそれずに戦《たたか》ったダイアンの思《おも》いは、今《いま》もゴリラを保護《ほご》する活動《かつどう》へとつながっています。

ダイアンの著書《ちょしょ》『霧《きり》のなかのゴリラ』（羽田節子《はねだせつこ》・山下恵子《やましたけいこ》訳《やく》、早川書房《はやかわしょほう》）。
学歴《がくれき》もお金《かね》もなかったが、借金《しゃっきん》をしてアフリカへ旅立《たびだ》ち、リーキー博士《はかせ》に自分《じぶん》を売《う》りこんだことや、ゴリラとの出会《であ》い、その調査活動《ちょうさかつどう》の日々《ひび》がつづられている。

ロザリンド・エルシー・フランクリン

X線結晶学者《エックスせんけっしょうがくしゃ》　1920-1958年《ねん》／イギリス

DNA《ディー エヌ エー》は「二重《に じゅう》らせん」の形《かたち》をしている！
その証拠《しょう こ》をX線写真《エックス せん しゃ しん》に撮《と》った結晶学者《けっ しょう がく しゃ》

ロザリンドの肖像《しょうぞう》。頭《あたま》の回転《かいてん》が速《はや》く、美《うつく》しく、陽気《ようき》な女性《じょせい》だが、研究《けんきゅう》では人《ひと》に厳《きび》しかったという。

> **楽《たの》しくない仕事《しごと》なんて、やらないわ**

（出典《しゅってん》：シャロン・バーチュ・マグレイン『お母《かあ》さん、ノーベル賞《しょう》をもらう』中村桂子《なかむらけいこ》 監訳《かんやく》、中村友子《なかむらともこ》 訳《やく》、工作舎《こうさくしゃ》）

ひらめきや想像《そうぞう》ではなく、事実《じじつ》をこつこつ積《つ》み上《あ》げて真理《しんり》に近《ちか》づくという方法《ほうほう》を好《この》んだロザリンドは、DNA《ディーエヌエー》の結晶《けっしょう》をX線《エックスせん》で撮影《さつえい》し、その分子《ぶんし》の構造《こうぞう》をさぐっていました。

DNA《ディーエヌエー》（デオキシリボ核酸《かくさん》）とは？

生物《せいぶつ》の細胞《さいぼう》の中《なか》にある「遺伝子《いでんし》」の担《にな》い手《て》のこと。親《おや》のもつ性質《せいしつ》が子《こ》に受《う》けつがれることを「遺伝《いでん》」といい、その遺伝情報《いでんじょうほう》を記《しる》した設計図《せっけいず》にあたるのが遺伝子《いでんし》で、DNA上《ディーエヌエーじょう》に書《か》かれています。糖《とう》やリン酸《さん》といった小《ち》さな物質《ぶっしつ》がくさり状《じょう》につながっていて、全体《ぜんたい》の形《かたち》は二重《にじゅう》らせん（ねじれた縄《なわ》ばしごのような形《かたち》）となっています。

ノーベル賞《しょう》のかげにあったX線写真《エックス せん しゃ しん》

1951年《ねん》、ロンドン大学《だいがく》キングズ・カレッジの研究員《けんきゅういん》だったロザリンドは、当時《とうじ》まだ明《あき》らかにされていなかったDNA《ディーエヌエー》の構造《こうぞう》を調《しら》べる研究《けんきゅう》を進《すす》めていました。しかし、先輩研究員《せんぱいけんきゅういん》のウィルキンズとしだいにぶつかるようになり、2人《ふたり》の仲《なか》は険悪《けんあく》になります。そんなある日《ひ》、ウィルキンズはケンブリッジ大学《だいがく》のワトソンに、ロザリンドが撮影《さつえい》したX線写真《エックスせんしゃしん》をこっそり見《み》せてしまいます。その写真《しゃしん》こそ、DNA《ディーエヌエー》が二重《にじゅう》らせん構造《こうぞう》であることの証拠《しょうこ》でした。

自分《じぶん》の写真《しゃしん》が盗《ぬす》み見《み》されていたことなど知《し》らずに、ロザリンドはDNA《ディーエヌエー》の研究《けんきゅう》をはなれ、別《べつ》の研究《けんきゅう》に打《う》ちこみ、37歳《さい》で亡《な》くなりました。ワトソンと同僚《どうりょう》のクリックが、ロザリンドの写真《しゃしん》を使《つか》ってDNA《ディーエヌエー》の構造《こうぞう》を明《あき》らかにする論文《ろんぶん》を書《か》き、それによってウィルキンズと3人《にん》でノーベル賞《しょう》を受賞《じゅしょう》したのは、ロザリンドが亡《な》くなった後《あと》の1962年《ねん》のことです。名誉《めいよ》を得《え》ることはできませんでしたが、ロザリンドの功績《こうせき》ははかりしれません。

ロザリンドが撮影《さつえい》したX線《エックスせん》写真《しゃしん》。DNA《ディーエヌエー》をこのような写真《しゃしん》に撮《と》るには、撮影法《さつえいほう》を考《かんが》える頭脳《ずのう》と、ちみつな作業《さぎょう》をする腕《うで》が必要《ひつよう》だった。

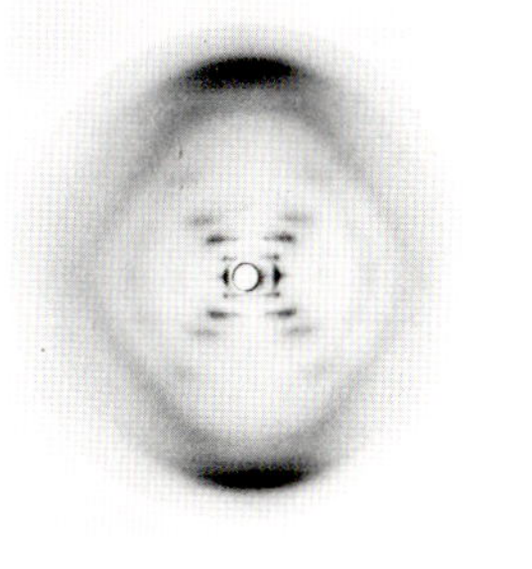

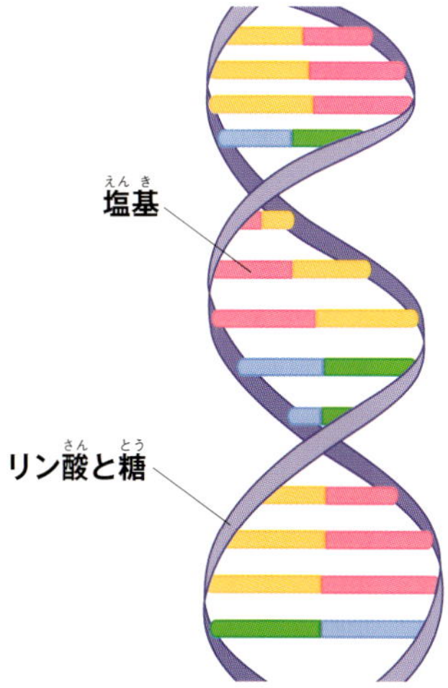

DNA《ディーエヌエー》の拡大図《かくだいず》。遺伝情報《いでんじょうほう》を担《にな》う重要《じゅうよう》な部分《ぶぶん》は、らせんの内側《うちがわ》の「塩基《えんき》」にある。ロザリンドは「リン酸《さん》と糖《とう》」が外側《そとがわ》にあることは推定《すいてい》していた。

博物画家《はくぶつがか》・自然科学者《しぜんかがくしゃ》 ●1647-1717年《ねん》／ドイツ出身《しゅっしん》

マリア・シビラ・メーリアン

17世紀《せいき》の虫《むし》愛《め》ずる博物画家《はくぶつがか》
めずらしい昆虫《こんちゅう》を求《もと》めて、南《みなみ》の国《くに》へ

マリアの肖像《しょうぞう》。右下《みぎした》はマリアが描《えが》いた『スリナム昆虫変態図鑑《こんちゅうへんたいずかん》』の中《なか》の一枚《いちまい》。

何《なに》もかもがとても珍《めずら》しく、喜《よろこ》ばしく、不思議《ふしぎ》に満《み》ちています

（出典《しゅってん》：キム・トッド『マリア・シビラ・メーリアン』屋代通子《やしろみちこ》 訳《やく》、みすず書房《しょぼう》）

南米《なんべい》のスリナムに旅《たび》したマリアは、その豊《ゆた》かな自然《しぜん》に感動《かんどう》しました。熱帯《ねったい》のジャングルで、見《み》たこともないめずらしい昆虫《こんちゅう》や植物《しょくぶつ》を描《えが》き、帰《き》国後《こくご》に銅版画《どうはんが》の美《うつく》しい図鑑《ずかん》を出版《しゅっぱん》しました。

画家《かか》と生物学者《せいぶつがくしゃ》のまなざし

印刷工房《いんさつこうぼう》の娘《むすめ》として生《う》まれたマリアは、子《こ》どものころからイモムシがチョウやガに変化《へんか》していくようすを観察《かんさつ》し、絵《え》に描《えが》くことが好《す》きでした。当《とう》時《じ》、昆虫《こんちゅう》は土《つち》やくさったものから自然《しぜん》に発生《はっせい》すると考《かんが》えられていましたが、マリアはすでに科学《かがく》の目《め》で昆虫《こんちゅう》たちを見《み》つめていたのです。

マリアの描《えが》く美《うつく》しい絵《え》は評判《ひょうばん》をよび、画家《がか》として名前《なまえ》を知《し》られていきます。やがてオランダに移《うつ》り住《す》んだマリアは、交易船《こうえきせん》がもたらす熱帯《ねったい》の昆虫《こんちゅう》に魅《み》せられ、52歳《さい》の時《とき》に南米《なんべい》のスリナムに行《い》くことを決意《けつい》します。それは大西洋《たいせいよう》をわたる危険《きけん》な航海《こうかい》でしたが、昆虫《こんちゅう》への探求心《たんきゅうしん》がマリアを冒険《ぼうけん》へとかり立《た》てました。

化石採集家《かせきさいしゅうか》 ●1799-1847年《ねん》／イギリス

メアリー・アニング

イギリスの小《ちい》さな町《まち》で魚竜《ぎょりゅう》の化石《かせき》を発掘《はっくつ》
世界《せかい》をおどろかせた13歳《さい》の少女《しょうじょ》

大人《おとな》になったメアリーの肖像画《しょうぞうが》。足元《あしもと》にいる愛犬《あいけん》は、採《さい》集《しゅう》の時《とき》にいつも化石《かせき》のある場所《ばしょ》に座《すわ》っていたという。

わたしのもつすべての知識《ちしき》は父《ちち》から得《え》たもの

（参考《さんこう》：吉川惣司《よしかわそうじ》・矢島道子《やじまみちこ》『メアリー・アニングの冒険《ぼうけん》 恐竜学《きょうりゅうがく》をひらいた女化石屋《おんなかせきや》』朝日新聞社《あさひしんぶんしゃ》）

身分《みぶん》が低《ひく》く、貧《まず》しかったメアリーの父《ちち》は、発掘《はっくつ》した化石《かせき》を売《う》って一家《いっか》を支《ささ》えていました。父《ちち》の死後《しご》、11歳《さい》だったメアリーは、父《ちち》のあとをつぐことを決意《けつい》します。それは生活《せいかつ》のために選《えら》んだ道《みち》ではありましたが、メアリーが幼《おさな》いころから夢中《むちゅう》になれる、大好《だいす》きな仕事《しごと》でもあったのです。

貧《まず》しさを乗《の》り越《こ》え、技術《ぎじゅつ》と知識《ちしき》で道《みち》をひらく

海岸《かいがん》を歩《ある》き回《まわ》り、危険《きけん》ながけを観察《かんさつ》し、メアリーは化石探《かせきさが》しを続《つづ》けました。13歳《さい》のころには、世界《せかい》で初《はじ》めて魚竜《ぎょりゅう》イクチオサウルスの全身化石《ぜんしんかせき》を発掘《はっくつ》し、世界中《せかいじゅう》をおどろかせます。学校《がっこう》に行《い》けなかったメアリーですが、読《よ》み書《か》きや化石《かせき》の知識《ちしき》を独学《どくがく》で学《まな》び、専門家《せんもんか》と対等《たいとう》に議論《ぎろん》ができるまでに成長《せいちょう》しました。その後《ご》もメアリーは、首長竜《くびながりゅう》や翼竜《よくりゅう》など、自然科学《しぜんかがく》の新《あら》たなとびらを開《ひら》く重要《じゅうよう》な化石《かせき》をつぎつぎに発見《はっけん》していくのです。

バーバラ・マクリントック

細胞遺伝学者《さいぼういでんがくしゃ》　●1902-1992年《ねん》／アメリカ

遺伝子《いでんし》研究《けんきゅう》の早《はや》すぎた天才《てんさい》
30年《ねん》後《ご》にようやく時代《じだい》が追《お》いついた

研究中《けんきゅうちゅう》のバーバラ。

> 研究《けんきゅう》そのものが
> 喜《よろこ》びなのです

（出典《しゅってん》：シャロン・バーチュ・マグレイン『お母《かあ》さん、ノーベル賞《しょう》をもらう』
中村桂子《なかむらけいこ》 監訳《かんやく》、中村友子《なかむらともこ》 訳《やく》、工作舎《こうさくしゃ》）

バーバラが発表《はっぴょう》した「動《うご》く遺伝子《いでんし》」説《せつ》は、当時《とうじ》だれにも理解《りかい》されませんでした。自分《じぶん》が正《ただ》しいとわかっていたバーバラは気《き》にするのをやめ、好《す》きな研究《けんきゅう》を続《つづ》けました。

理解《りかい》されなくても、信《しん》じた道《みち》を進《すす》む

トウモロコシの遺伝研究《いでんけんきゅう》を始《はじ》めたバーバラでしたが、女性研究者《じょせいけんきゅうしゃ》の地位《ちい》は不安定《ふあんてい》で、研究所《けんきゅうじょ》を転々《てんてん》としながら、奨学金《しょうがくきん》をもらって研究《けんきゅう》を続《つづ》けました。ようやく自分《じぶん》の研究室《けんきゅうしつ》を得《え》たバーバラは、1951年《ねん》に染色体《せんしょくたい》の上《うえ》で位置《いち》を変《か》える「動《うご》く遺伝子《いでんし》」の存在《そんざい》に気《き》づきます。しかし、DNA《ディーエヌエー》の解明《かいめい》にばかり注目《ちゅうもく》が集《あつ》まっていた当時《とうじ》、この説《せつ》はまったく受《う》け入《い》れられませんでした。無視《むし》され、孤独《こどく》でしたが、バーバラは気《き》にせず、研究《けんきゅう》をやめませんでした。ようやく時代《じだい》がバーバラに追《お》いついたのは、30年《ねん》もたってからのことです。1983年《ねん》、バーバラはノーベル生理学《せいりがく》・医学賞《いがくしょう》を受賞《じゅしょう》しました。

リタ・レヴィ＝モンタルチーニ

神経生理学者《しんけいせいりがくしゃ》　●1909-2012年《ねん》／イタリア出身《しゅっしん》

父《ちち》の反対《はんたい》を押《お》し切《き》って大学《だいがく》の医学部《いがくぶ》に進《すす》んだリタは、神経細胞《しんけいさいぼう》の研究《けんきゅう》を始《はじ》めます。第二次世界大戦中《だいにじせかいたいせんちゅう》は、ユダヤ人《じん》であるために大学《だいがく》の仕事《しごと》につくことを禁《きん》じられますが、寝室《しんしつ》に小《ちい》さな研究室《けんきゅうしつ》をつくり、手製《てせい》の道具《どうぐ》で、ニワトリの卵《たまご》を使《つか》って神経《しんけい》の研究《けんきゅう》を続《つづ》けました。戦後《せんご》はアメリカに行《い》き、神経細胞《しんけいさいぼう》の成長《せいちょう》をうながす未知《みち》の物質《ぶっしつ》について調《しら》べ、ついにその物質《ぶっしつ》（神経成長因子《しんけいせいちょういんし》）を見《み》つけ出《だ》すことに成功《せいこう》します。そして1986年《ねん》にノーベル生理学《せいりがく》・医学賞《いがくしょう》を受賞《じゅしょう》しました。

ジェーン・グドール

動物学者《どうぶつがくしゃ》・野生動物保護活動家《やせいどうぶつほごかつどうか》　●1934年《ねん》-／イギリス出身《しゅっしん》

子《こ》どものころから「アフリカで動物《どうぶつ》たちと暮《く》らしたい」と夢《ゆめ》みていたジェーンは、26歳《さい》の時《とき》、チンパンジーの生態研究《せいたいけんきゅう》を行《おこな》うチャンスをつかみます。研究者《けんきゅうしゃ》としては素人《しろうと》でしたが、するどい観察力《かんさつりょく》と、強《つよ》い忍耐力《にんたいりょく》をもっていることは、野外《やがい》での調査研究《ちょうさけんきゅう》に最適《さいてき》でした。何《なん》か月《げつ》もかかってチンパンジーの群《む》れに近《ちか》づくことに成功《せいこう》。毎日《まいにち》しんぼう強《づよ》く観察《かんさつ》して、チンパンジーが道具《どうぐ》を使《つか》うことなど、だれも知《し》らなかったその姿《すがた》を明《あき》らかにしていきました。その後《ご》は、森《もり》とチンパンジーを守《まも》る活動《かつどう》に力《ちから》を注《そそ》いでいます。

テンプル・グランディン

動物学者《どうぶつがくしゃ》・設計士《せっけいし》　●1947年《ねん》-／アメリカ

テンプルは3歳《さい》で発達障害《はったつしょうがい》*と診断《しんだん》されました。この障害《しょうがい》の特性《とくせい》は人《ひと》により異《こと》なりますが、テンプルの場合《ばあい》は、知能指数《ちのうしすう》は高《たか》くても、言葉《ことば》を使《つか》うことや他人《たにん》の心《こころ》を読《よ》みとることが苦手《にがて》でした。不快《ふかい》になると暴力《ぼうりょく》をふるってしまい、周《まわ》りからはいじめられます。しかし、親《おや》や先生《せんせい》に支《ささ》えられ、感覚過敏《かんかくかびん》などの症状《しょうじょう》から自分《じぶん》を守《まも》る方法《ほうほう》を考《かんが》えたり、もめ事《ごと》を起《お》こさずにすむよう行動《こうどう》を変《か》えたりと努力《どりょく》します。動物《どうぶつ》への興味《きょうみ》、細《こま》かく観察《かんさつ》する力《ちから》、設計《せっけい》の図面《ずめん》を描《か》く力《ちから》をのばしたテンプルは、動物学《どうぶつがく》の学位《がくい》もとりました。

*発達障害《はったつしょうがい》の状態《じょうたい》は人《ひと》によってさまざまで、乗《の》り越《こ》え方《かた》も人《ひと》それぞれです。

歴史年表《れきしねんぴょう》（医療《いりょう》・科学分野《かがくぶんや》を中心《ちゅうしん》に）

時代《じだい》：江戸《えど》／明治《めいじ》

日本《にほん》のおもなできごと

江戸《えど》	
一六三九	鎖国《さこく》の完成《かんせい》
一七七四	●**杉田玄白《すぎたげんぱく》ら、『解体新書《かいたいしんしょ》』を出版《しゅっぱん》**
一八〇四	●**華岡青洲《はなおかせいしゅう》、世界初《せかいはつ》の全身麻酔手術《ぜんしんますいしゅじゅつ》**
一八五三	ペリーが浦賀《うらが》に来航《らいこう》
一八五四	日米和親条約《にちべいわしんじょうやく》
一八五八	日米修好通商条約《にちべいしゅうこうつうしょうじょうやく》／開国《かいこく》へ 安政《あんせい》の大獄《たいごく》（〜一八五九）
一八六七	大政奉還《たいせいほうかん》
明治《めいじ》	
一八六八	明治維新《めいじいしん》／戊辰戦争《ぼしんせんそう》（〜一八六九）
一八七一	廃藩置県《はいはんちけん》
一八七二	学制公布《がくせいこうふ》／太陽暦採用《たいようれきさいよう》
一八七四	民撰議員設立建白書《みんせんぎいんせつりつけんぱくしょ》／自由民権運動《じゆうみんけんうんどう》が始《はじ》まる
一八七七	西南戦争《せいなんせんそう》
一八八五	**荻野吟子《おぎのぎんこ》（p6）、日本女性《にほんじょせい》で初《はじ》めて医師《いし》の開業免許《かいぎょうめんきょ》を取《と》る**
一八八九	大日本帝国憲法発布《だいにっぽんていこくけんぽうはっぷ》／東海道線《とうかいどうせん》が全線開通《ぜんせんかいつう》（新橋《しんばし》〜神戸間《こうべかん》）
一八九〇	第一回帝国議会《だいいっかいていこくぎかい》
一八九四	日清戦争《にっしんせんそう》（〜一八九五）
一九〇一	八幡製鉄所操業開始《やはたせいてつじょそうぎょうかいし》
一九〇四	日露戦争《にちろせんそう》（〜一九〇五）
一九一〇	韓国併合《かんこくへいごう》

世界《せかい》のおもなできごと

一五九〇ごろ	●**けんび鏡《きょう》の発明《はつめい》**
一六〇八ごろ	●**望遠鏡《ぼうえんきょう》の発明《はつめい》**
一六六五	●**けんび鏡《きょう》での「細胞《さいぼう》」の発見《はっけん》／ニュートン、万有引力《ばんゆういんりょく》の法則《ほうそく》を発見《はっけん》**
一六九九	**マリア・S・メーリアン（p42）、昆虫観察《こんちゅうかんさつ》のため南米《なんべい》へわたる**
一七七四	●**ラボアジエ、質量保存《しつりょうほぞん》の法則《ほうそく》を発見《はっけん》**
一七八一	ワット、蒸気機関《じょうききかん》を発明《はつめい》（産業革命《さんぎょうかくめい》が進《すす》む）
一七八九	フランス革命《かくめい》
一八四七	**エリザベス・ブラックウェル（p17）、女性《じょせい》で初《はじ》めて医科大学《いかだいがく》に合格《ごうかく》**
一八五四	**フローレンス・ナイチンゲール（p14）、クリミア戦争《せんそう》で看護活動《かんごかつどう》**
一八五九	●**ダーウィン、『種《しゅ》の起源《きげん》』を著《あらわ》す**
一八六一	アメリカ南北戦争《なんぼくせんそう》（〜一八六五）
一八六五	●**メンデル、遺伝《いでん》の法則《ほうそく》を発表《はっぴょう》**
一八六九	●**メンデレーエフ、元素《げんそ》の周期律《しゅうきりつ》を発見《はっけん》**
一八七一	ドイツ帝国成立《ていこくせいりつ》
一八七六	●**病気《びょうき》の原因《げんいん》となる細菌《さいきん》（病原体《びょうげんたい》）の発見《はっけん》**
一八七九	エジソンが電灯《でんとう》を実用化《じつようか》
一八八八	**ソフィヤ・V・コヴァレフスカヤ（p28）、近代初《きんだいはつ》の女性大学教授《じょせいだいがくきょうじゅ》となる**
一八九五	●**レントゲン、X線《エックスせん》を発見《はっけん》**
一八九六	●**ベクレル、放射能《ほうしゃのう》を発見《はっけん》** 第一回近代《だいいっかいきんだい》オリンピック（アテネ）
一九〇三	ライト兄弟《きょうだい》が動力飛行《どうりょくひこう》に成功《せいこう》 **マリー・キュリー（p24）、ノーベル物理学賞《ぶつりがくしょう》を受賞《じゅしょう》（3人《にん》での共同受賞《きょうどうじゅしょう》）**
一九〇五	●**アインシュタイン、特殊相対性理論《とくしゅそうたいせいりろん》を発表《はっぴょう》**
一九一一	●**ラザフォード、原子核《げんしかく》を発見《はっけん》** 中国《ちゅうごく》で辛亥革命《しんがいかくめい》 **マリー・キュリー、ノーベル化学賞《かがくしょう》を受賞《じゅしょう》**

大正《たいしょう》

一九一三 **黒田《くろだ》チカ（p18）ら、日本初《にほんはつ》の女子大学生《じょしだいがくせい》となる**

一九一四 第一次世界大戦《だいいちじせかいたいせん》に参戦《さんせん》

一九一八 米騒動《こめそうどう》／シベリア出兵《しゅっぺい》（～一九二二）

一九二三 関東大震災《かんとうだいしんさい》

一九二五 普通選挙法制定《ふつうせんきょほうせいてい》／ラジオ放送開始《ほうそうかいし》

昭和《しょうわ》

一九二七 **保井《やすい》コノ（p32）、日本女性《にほんじょせい》として初《はつ》の博士号取得《はくしごうしゅとく》**

一九三一 満州事変《まんしゅうじへん》

一九三二 五《ご》・一五事件《いちごじけん》

一九三三 国際連盟脱退《こくさいれんめいだったい》

一九三六 二《に》・二六事件《にろくじけん》

一九三七 日中戦争《にっちゅうせんそう》（～一九四五）

一九四一 真珠湾攻撃《しんじゅわんこうげき》（太平洋戦争《たいへいようせんそう》の開始《かいし》）

一九四五 広島《ひろしま》・長崎《ながさき》に原子爆弾投下《げんしばくだんとうか》、終戦《しゅうせん》

財閥解体《ざいばつかいたい》／女性参政権《じょせいさんせいけん》が認《みと》められる

一九四六 日本国憲法公布《にほんこくけんぽうこうふ》

一九四七 教育基本法公布《きょういくきほんほうこうふ》／学校教育《がっこうきょういく》は六《ろく》・三《さん》・三《さん》・四制《よんせい》に

一九四九 ●**湯川秀樹《ゆかわひでき》、日本人初《にほんじんはつ》のノーベル賞受賞《しょうじゅしょう》**

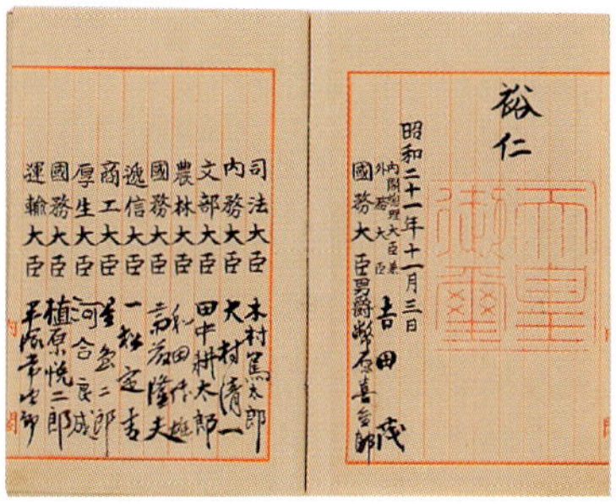

日本国憲法公布《にほんこくけんぽうこうふ》
(1946年《ねん》)

一九五一 サンフランシスコ平和条約《へいわじょうやく》／日米安全保障条約《にちべいあんぜんほしょうじょうやく》

一九五三 テレビ放送開始《ほうそうかいし》

一九五四 第五福竜丸被爆《だいごふくりゅうまるひばく》

猿橋勝子《さるはしかつこ》（p20）、ビキニ環礁《かんしょう》の水爆実験《すいばくじっけん》による「死《し》の灰《はい》」を分析《ぶんせき》

一九五六 国際連合《こくさいれんごう》に加盟《かめい》

一九六四 オリンピック東京大会《とうきょうたいかい》

一九七二 沖縄《おきなわ》が日本《にほん》に復帰《ふっき》／日中国交正常化《にっちゅうこっこうせいじょうか》

一九七三 石油危機《せきゆきき》

平成《へいせい》

一九九五 阪神《はんしん》・淡路大震災《あわじだいしんさい》

二〇一一 東日本大震災《ひがしにほんだいしんさい》

一九一二 中華民国《ちゅうかみんこく》が成立《せいりつ》、清《しん》がほろびる

一九一四 第一次世界大戦《だいいちじせかいたいせん》（～一九一八）

一九一五 ●**アインシュタイン、一般相対性理論《いっぱんそうたいせいりろん》を発表《はっぴょう》**

一九一七 ロシア革命《かくめい》（ロシア帝国崩壊《ていこくほうかい》、ソヴィエト連邦成立《れんぽうせいりつ》へ）

一九二〇 国際連盟発足《こくさいれんめいほっそく》

一九二八 ●**ペニシリン（抗生物質《こうせいぶっしつ》＝病原細菌《びょうげんさいきん》を殺《ころ》す薬《くすり》）の発見《はっけん》**

一九二九 世界恐慌《せかいきょうこう》

一九三三 ドイツ、ナチス政権誕生《せいけんたんじょう》

一九三九 第二次世界大戦《だいにじせかいたいせん》（～一九四五）

リーゼ・マイトナー（p30）、核分裂《かくぶんれつ》の理論《りろん》を発表《はっぴょう》

一九四五 ●**アメリカ、原子爆弾《げんしばくだん》を開発《かいはつ》**

国際連合発足《こくさいれんごうほっそく》

一九四七 インド独立《どくりつ》

一九四九 中華人民共和国成立《ちゅうかじんみんきょうわこくせいりつ》

一九五〇 朝鮮戦争《ちょうせんせんそう》（～一九五三）

一九五一 **バーバラ・マクリントック（p43）、「動《うご》く遺伝子《いでんし》」の研究《けんきゅう》を発表《はっぴょう》**

一九五二 **ロザリンド・E・フランクリン（p41）、DNA《ディーエヌエー》のX線写真《エックスせんしゃしん》を撮影《さつえい》**

一九五三 ●**ワトソンとクリック、DNA《ディーエヌエー》の二重《にじゅう》らせんモデルを発表《はっぴょう》**

一九六二 **レイチェル・カーソン（p36）、『沈黙《ちんもく》の春《はる》』を著《あらわ》す**

一九六三 **ワレンチナ・V・テレシコワ（p31）、女性初《じょせいはつ》の宇宙飛行《うちゅうひこう》**

一九六五 ベトナム戦争激化《せんそうげきか》

一九六八 核拡散防止条約《かくかくさんぼうしじょうやく》

一九九一 湾岸戦争《わんがんせんそう》／ソヴィエト連邦解体《れんぽうかいたい》

二〇〇一 アメリカ同時多発《どうじたはつ》テロ

訪《たず》ねてみよう　博物館《はくぶつかん》・資料室《しりょうしつ》

この本《ほん》に登場《とうじょう》した人物《じんぶつ》にゆかりの資料《しりょう》や写真《しゃしん》を所蔵《しょぞう》・展示《てんじ》している、日本国内《にほんこくない》の博物館《はくぶつかん》や資料室《しりょうしつ》です。休館日《きゅうかんび》や開館時間《かいかんじかん》、入館料《にゅうかんりょう》などは変更《へんこう》になることがあるので、事前《じぜん》にホームページや電話《でんわ》で確認《かくにん》してからお出《で》かけください。

大洲市立博物館《おおずしりつはくぶつかん》

楠本《くすもと》イネの関連資料《かんれんしりょう》を展示《てんじ》。

〒795-0054　愛媛県大洲市中村《えひめけんおおずしなかむら》618-1（社会教育《しゃかいきょういく》センター４Ｆ·５Ｆ）

☎0893-24-4107

㊡月曜《げつよう》（月曜《げつよう》が祝日《しゅくじつ》と重《かさ》なる場合《ばあい》は翌平日《よくへいじつ》）、年末年始《ねんまつねんし》

長崎歴史文化博物館《ながさきれきしぶんかはくぶつかん》

出島《でじま》やシーボルトなどの関連資料《かんれんしりょう》を展示《てんじ》。楠本《くすもと》イネの関連資料《かんれんしりょう》を所蔵《しょぞう》。

〒850-0007　長崎県長崎市立山《ながさきけんながさきしたてやま》1-1-1

☎095-818-8366

シーボルト記念館《きねんかん》

楠本《くすもと》イネ、シーボルトの関連資料《かんれんしりょう》を展示《てんじ》。

〒850-0011　長崎県長崎市鳴滝《ながさきけんながさきしなるたき》2-7-40

☎095-823-0707（長崎市経済局文化観光部《ながさきしけいざいきょくぶんかかんこうぶ》 文化財課《ぶんかざいか》 シーボルト記念館《きねんかん》）

㊡月曜《げつよう》（祝日《しゅくじつ》は開館《かいかん》）、年末年始《ねんまつねんし》

せたな町瀬棚郷土館《ちょうせたなきょうどかん》

荻野吟子《おぎのぎんこ》の関連資料《かんれんしりょう》を展示《てんじ》。

〒049-4816　北海道久遠郡《ほっかいどうくどうぐん》せたな町瀬棚区本町《ちょうせたなくほんちょう》628

☎0137-87-3205

㊡5月《がつ》～10月《がつ》の毎週月曜《まいしゅうげつよう》、11月《がつ》～4月《がつ》の全日《ぜんじつ》

熊谷市立荻野吟子記念館《くまがやしりつおぎのぎんこきねんかん》

荻野吟子《おぎのぎんこ》の関連資料《かんれんしりょう》を展示《てんじ》。

〒360-0223　埼玉県熊谷市俵瀬《さいたまけんくまがやしたわらせ》581-1

☎048-588-2044（妻沼中央公民館《めぬまちゅうおうこうみんかん》）

㊡月曜《げつよう》(月曜《げつよう》が祝日《しゅくじつ》の場合《ばあい》は翌平日《よくへいじつ》が休館《きゅうかん》)、年末年始《ねんまつねんし》

国立科学博物館《こくりつかがくはくぶつかん》

日本《にほん》の科学史《かがくし》の展示《てんじ》があるほか、荻野吟子《おぎのぎんこ》、吉岡彌生《よしおかやよい》、香川綾《かがわあや》、黒田《くろだ》チカ、保井《やすい》コノの肖像展示《しょうぞうてんじ》がある。

〒110-8718　東京都台東区上野公園《とうきょうとたいとうくうえのこうえん》 7-20

☎03-5777-8600（ハローダイヤル）

㊡月曜《げつよう》（祝日《しゅくじつ》の場合《ばあい》は火曜《かよう》）、年末年始《ねんまつねんし》、害虫駆除《がいちゅうくじょ》のための館内《かんない》くん蒸《じょう》期間《きかん》

東京女子医科大学史料室《とうきょうじょしいかだいがくしりょうしつ》・吉岡彌生記念室《よしおかやよいきねんしつ》

吉岡彌生《よしおかやよい》の関連資料《かんれんしりょう》を展示《てんじ》。

〒162-8666　東京都新宿区河田町《とうきょうとしんじゅくくかわだちょう》8-1（東京女子医科大学《とうきょうじょしいかだいがく》　中央校舎《ちゅうおうこうしゃ》2F）

☎03-3353-8111（代表《だいひょう》）

㊡日曜《にちよう》、祝日《しゅくじつ》、年末年始《ねんまつねんし》、創立記念日《そうりつきねんび》（12月《がつ》5日《か》）、毎月第《まいつきだい》3土曜《どよう》（その他《た》の土曜《どよう》は9:30～12:00開室《かいしつ》、平日《へいじつ》は16:30まで開室《かいしつ》）

掛川市吉岡彌生記念館《かけがわしよしおかやよいきねんかん》

吉岡彌生《よしおかやよい》の関連資料《かんれんしりょう》を展示《てんじ》。

〒437-1434　静岡県掛川市下土方《しずおかけんかけがわししもひじかた》474

☎0537-74-5566

㊡月曜《げつよう》、第《だい》4火曜《かよう》（祝日《しゅくじつ》の場合《ばあい》は翌日《よくじつ》が休館《きゅうかん》）、年末年始《ねんまつねんし》、展示替《てんじが》えの期間《きかん》　＊平成《へいせい》28年《ねん》２月《がつ》23日《にち》まで臨時休館《りんじきゅうかん》

女子栄養大学《じょしえいようだいがく》　香川昇三《かがわしょうぞう》・綾記念展示室《あやきねんてんじしつ》

香川綾《かがわあや》と香川昇三《かがわしょうぞう》の関連資料《かんれんしりょう》を展示《てんじ》。

〒350-0288　埼玉県坂戸市千代田《さいたまけんさかどしちよだ》3-9-21　女子栄養大学坂戸《じょしえいようだいがくさかど》キャンパス4号館《ごうかん》2階《かい》

☎049-284-3489

㊡日曜《にちよう》、祝日《しゅくじつ》、年末年始《ねんまつねんし》ほか(土曜《どよう》は 9:10～12:00開室《かいしつ》、平日《へいじつ》は17:00まで。7月上旬《がつじょうじゅん》～9月下旬《がつげじゅん》は平日《へいじつ》11:00～15:00開室《かいしつ》、土曜閉室《どようへいしつ》)

神山復生病院《こうやまふくせいびょういん》　復生記念館《ふくせいきねんかん》

井深八重《いぶかやえ》の関連資料《かんれんしりょう》を展示《てんじ》。

〒412-0033　静岡県御殿場市神山《しずおかけんごてんばしこうやま》109

☎0550-87-3509

㊡日曜《にちよう》、祝日《しゅくじつ》（年末年始《ねんまつねんし》·土曜《どよう》は9:00～12:00開館《かいかん》）

長島愛生園《ながしまあいせいえん》　歴史館《れきしかん》

ハンセン病関連資料《びょうかんれんしりょう》と神谷美恵子《かみやみえこ》の関連資料《かんれんしりょう》を所蔵《しょぞう》、展示《てんじ》。見学《けんがく》する場合《ばあい》は、事前《じぜん》に連絡《れんらく》が必要《ひつよう》。

〒701-4592　岡山県瀬戸内市邑久町虫明《おかやまけんせとうちしおくちょうむしあけ》6539

☎0869-25-0321（長島愛生園《ながしまあいせいえん》　庶務課《しょむか》）

㊡月曜《げつよう》、金曜《きんよう》、夏期休館日《かききゅうかんび》（8月《がつ》10日《か》～8月《がつ》20日《か》）、年末年始《ねんまつねんし》

お茶《ちゃ》の水女子大学《みずじょしだいがく》　歴史資料館《れきししりょうかん》

黒田《くろだ》チカ、保井《やすい》コノの関連資料《かんれんしりょう》を所蔵《しょぞう》・展示《てんじ》。見学《けんがく》には事前《じぜん》の申《もう》しこみが必要《ひつよう》。

〒112-8610　東京都文京区大塚《とうきょうとぶんきょうくおおつか》2-1-1　国立大学法人《こくりつだいがくほうじん》お茶《ちゃ》の水女子大学《みずじょしだいがく》　本館《ほんかん》1階《かい》

☎03-5978-5567（お茶《ちゃ》の水女子大学《みずじょしだいがく》 図書《としょ》·情報課《じょうほうか》 情報基盤担当《じょうほうきばんたんとう》）

＊2週間前《しゅうかんまえ》までに希望日時《きぼうにちじ》と人数《にんずう》を連絡《れんらく》。特別公開日《とくべつこうかいび》は事前連絡《じぜんれんらく》なしで見学《けんがく》が可能《かのう》。

東京都立第五福竜丸展示館《とうきょうとりつだいごふくりゅうまるてんじかん》

猿橋勝子《さるはしかつこ》、第五福竜丸被爆事件《だいごふくりゅうまるひばくじけん》の関連資料《かんれんしりょう》を展示《てんじ》。

〒136-0081　東京都江東区夢《とうきょうとこうとうくゆめ》の島《しま》2-1-1　夢《ゆめ》の島公園内《しまこうえんない》

☎03-3521-8494

㊡月曜《げつよう》（月曜《げつよう》が祝日《しゅくじつ》の場合《ばあい》は翌火曜《よくかよう》が休館《きゅうかん》）

麻布大学《あざぶだいがく》いのちの博物館《はくぶつかん》

増井光子《ますいみつこ》の関連資料《かんれんしりょう》を展示《てんじ》。

〒252-5201　神奈川県相模原市中央区淵野辺《かながわけんさがみはらしちゅうおうくふちのべ》1-17-71

☎042-850-2520

㊡月曜《げつよう》、日曜《にちよう》、祝日《しゅくじつ》、そのほか大学《だいがく》の休日《きゅうじつ》に準《じゅん》ずる

●写真提供（掲載ページ順、敬称略）

表紙 猿橋則之／一般財団法人神山復生会 神山復生病院 復生記念館／現代社／お茶の水女子大学歴史資料館／熊谷市
p.4-5 大洲市立博物館／長崎歴史文化博物館／長崎市 シーボルト記念館／国立国会図書館ホームページ
p.6 熊谷市／せたな町教育委員会瀬棚教育事務所
p.7 東京女子医科大学
p.8-9 女子栄養大学／香川昇三・綾記念展示室／女子栄養大学出版部『栄養と料理』編集部
p.10-11 一般財団法人神山復生会 神山復生病院 復生記念館
p.12-13 みすず書房／神谷律／神谷徹／国立療養所 長島愛生園
p.14-16 現代社／PPS通信社
p.17 PPS通信社
p.18-19 お茶の水女子大学歴史資料館／公益社団法人山形県観光物産協会／磯田進／日本女子大学成瀬記念館／東北大学史料館
p.20-23 猿橋則之／公益財団法人第五福竜丸平和協会／松沢陽士
p.24-31 PPS通信社
p.32-33 お茶の水女子大学歴史資料館／お茶の水女子大学附属図書館
p.34-35 公益財団法人横浜市緑の協会 よこはま動物園ズーラシア／増井梅宗國／麻布大学附属学術情報センター／公益財団法人東京動物園協会
p.36-39 レイチェル・カーソン日本協会／上遠恵子／PPS通信社
p.40-43 PPS通信社
p.45 国立公文書館

●おもな参考文献

（本書の編集において参考にした文献のなかからおもなものを挙げています）

国史大辞典編集委員会 編『国史大辞典』（吉川弘文館）、『日本大百科全書』（小学館）、吉村壽次ほか 編『デジタル化学辞典 第2版』（森北出版）
（以上は「JapanKnowledge」http://japanknowledge.com/ にて利用）
都河明子 著「シリーズ 日本の女性研究者のあゆみ」（『文部科学教育通信』No.192-No.200、ジアース教育新社）2008年
文部科学省「学制百年史」 http://www.mext.go.jp/b_menu/hakusho/html/others/detail/1317552.htm
文部科学省「学制百二十年史」 http://www.mext.go.jp/b_menu/hakusho/html/others/detail/1318221.htm

シーボルト記念館 編『鳴滝紀要』第25号（長崎市）2015年
福井英俊 著「『鳴滝紀要』創刊号 別刷 楠本・米山家資料にみる楠本いねの足跡」（シーボルト宅跡保存基金管理委員会）2014年
熊谷デジタルミュージアム「熊谷の偉人の部屋 荻野吟子」 http://www.kumagaya-bunkazai.jp/museum/ijin/oginoginko.htm
弦巻淳 監修「荻野吟子の生涯」（せたな町ホームページ http://www.town.setana.lg.jp/archive/setana/k12.htm）
東京女子医科大学ホームページ「法人・大学案内」 http://www.twmu.ac.jp/univ/about/faq.php
静岡県掛川市ホームページ「郷土の偉人 吉岡彌生」http://www.city.kakegawa.shizuoka.jp/life/gakusyubunka/kyodoijin/y_yayoi/index.html
酒井シヅ 編『愛と至誠に生きる 女医吉岡彌生の手紙』（NTT出版）2005年
香川綾 著『香川綾 栄養学と私の半生記』（日本図書センター）1997年
香川栄養学園 女子栄養大学ホームページ「大学案内」 http://www.eiyo.ac.jp/daigaku/information/index.html
香川栄養学園 女子栄養大学ホームページ「香川昇三・綾 記念展示室」 http://www.eiyo.ac.jp/fuzoku/tenjisitu/top_tenjisitu.html
「人間の碑」刊行会 編『愛蔵版 人間の碑—井深八重への誘い—』（井深八重顕彰記念会）2003年
一般財団法人神山復生会 神山復生病院 復生記念館ホームページ http://www.fukusei.jp/category/kinenkan_cat/
神谷美恵子 著『生きがいについて』（神谷美恵子コレクション、みすず書房）2004年
神谷美恵子 著『遍歴』（神谷美恵子著作集9、みすず書房）1980年
みすず書房編集部 編『神谷美恵子の世界』（みすず書房）2004年
田中真美 著「神谷美恵子と長島愛生園 —ハンセン病から精神医学へ—」（立命館大学大学院先端総合学術研究科紀要『Core Ethics』Vol. 9, 2013年）
セシル・ウーダム-スミス 著『フロレンス・ナイチンゲールの生涯（上巻、下巻）』武山満智子・小南吉彦 訳（現代社）1987年
フロレンス・ナイチンゲール 著『看護小論集』薄井坦子 訳（現代社）2004年
小玉香津子 著『ナイチンゲール 人と思想155』（清水書院）2004年
The Florence Nightingale Museum http://www.florence-nightingale.co.uk/
荒木純子 著「エリザベス・ブラックウェルにおける専門職と性差と身体生理 —19世紀半ばのアメリカにおける医学と女性—」（青山学院女子短期大学総合文化研究所年報（16）、2008年）
レイチェル・ベイカー 著『世界最初の女性医師〜エリザベス・ブラックウェルの一生〜』大原武夫・大原一枝 訳（日本女医会）2002年
テンプル・グランディン＆マーガレット M. スカリアーノ 著『我、自閉症に生まれて』カニングハム久子 訳（学習研究社）2002年
オリヴァー・サックス 著『火星人の人類学者』吉田利子訳（早川書房）2004年
シャーリー・ドゥブレイ 著『ホスピス運動の創始者シシリー・ソンダース』若林一美・若山隆良・棚瀬多喜雄・岡田要 訳（日本看護協会出版会）2004年
お茶の水女子大学デジタルアーカイブズ 〜先駆的女性研究者データベース〜 http://archives.cf.ocha.ac.jp/index.html
猿橋勝子 著『女性として 科学者として』（新日本出版社）1981年
猿橋勝子 著『学ぶこと生きること—女性として考える—』（福武書店）1983年
米沢富美子 著『猿橋勝子という生き方』（岩波科学ライブラリー157、岩波書店）2012年
井上恵美子、伊藤めぐみ 著「戦前日本における別学の諸相と女子の標準的進学経路図に関する研究ノート」（『技術教育学研究』v. 7, 名古屋大学教育学部技術教育学研究室）1991年
ナオミ・パサコフ 著『オックスフォード 科学の肖像 マリー・キュリー』西田美緒子 訳（大月書店）2008年
エーヴ・キュリー 著『キュリー夫人伝《新装版》』川口篤・河盛好蔵・杉捷夫・本田喜代治 訳（白水社）1988年
川島慶子 著『マリー・キュリーの挑戦 —科学・ジェンダー・戦争—』（トランスビュー）2010年
シャロン・バーチュ・マグレイン 著『お母さん、ノーベル賞をもらう』中村桂子 監訳、中村友子 訳（工作舎）1996年
ソーニャ・コヴァレフスカヤ、アン・シャロット・エドグレン・レフラー 著『ソーニャ・コヴァレフスカヤ 自伝と追想』野上弥生子 訳（岩波書店）1996年
ワロンツォーワ 著『コワレフスカヤの生涯』三橋重男 訳（東京図書）1975年
リン・M・オーセン 著『数学史のなかの女性たち』吉村証子・牛島道子 訳（法政大学出版局）2000年
Carole Gerber 著、Christina Wald 絵『Annie Jump Cannon, Astronomer』（Pelican Publishing Company）2011年
シャルロッテ・ケルナー 著『核分裂を発見した人 リーゼ・マイトナーの生涯』平野卿子 訳（晶文社）1990年
川島慶子 著「イレーヌ・ジョリオ=キュリー（Irène Joliot-Curie, 1897-1956）：『天才科学者夫妻の娘』という宿命」（国立女性教育会館 女性アーカイブセンター2011年度企画展示「化学と歩む：チャレンジした女性たちからチャレンジする女性たちへ」Fact Sheet）
ジョージ・ジョンソン 著『リーヴィット 宇宙を測る方法』渡辺伸 監修、槇原凛 訳（WAVE出版）2007年
ワレンチナ・テレシコワ 著『テレシコワ自伝〈宇宙は拓かれた大洋〉』宮崎一夫 訳（合同出版）1965年
増井光子 著『動物が好きだから』（どうぶつ社）2003年
レイチェル・カーソン日本協会ホームページ http://j-rcc.org/index.html
レイチェル・カーソン 著『沈黙の春』青樹簗一 訳（新潮社）2015年
レイチェル・カーソン 著『センス・オブ・ワンダー』上遠恵子 訳（新潮社）1996年
Environment & Society Portal「RACHEL CARSON'S SILENT SPRING, A BOOK THAT CHANGED THE WORLD」http://www.environmentandsociety.org/exhibitions/silent-spring/overview
上岡克己・上遠恵子・原強 編著『レイチェル・カーソル』（ミネルヴァ書房）2007年
ダイアン・フォッシー 著『霧のなかのゴリラ』羽田節子・山下恵子 訳（早川書房）1989年
ブレンダ・マドックス 著『ダークレディと呼ばれて ——二重らせん発見とロザリンド・フランクリンの真実』福岡伸一 監訳、鹿田昌美 訳（化学同人）
キム・トッド 著『マリア・シビラ・メーリアン 17世紀、昆虫を求めて新大陸へ渡ったナチュラリスト』屋代通子 訳（みすず書房）2008年
ロンダ・シービンガー 著『科学史から消された女性たち』小川眞理子・藤岡伸子・家田貴子 訳（工作舎）1992年
吉川惣司・矢島道子 著『メアリー・アニングの冒険 恐竜学をひらいた女化石屋』（朝日新聞社）2003年

**どんな分野《ぶんや》に行《い》っても、
粘《ねば》り強《づよ》く真剣《しんけん》にチャレンジすれば、
必《かなら》ず面白《おもしろ》いことが
見《み》つかるものです。**

「外国《がいこく》に行《い》くのに制限《せいげん》があった時代《じだい》だったので、子《こ》どものころは船乗《ふなの》りになって自由《じゆう》に外《がい》国《こく》に出《で》かけるのが夢《ゆめ》でした。」

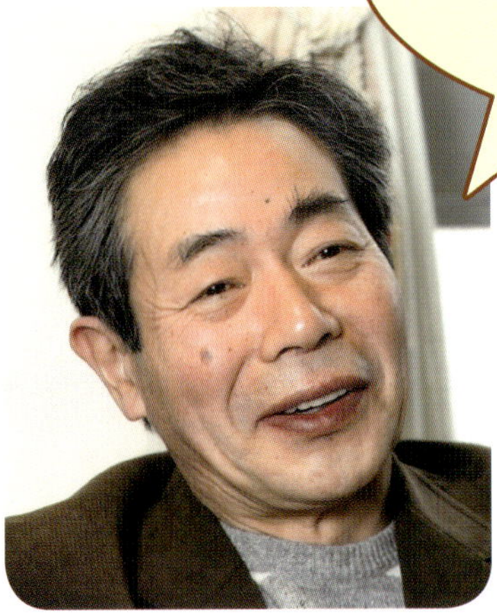

監修

池内 了（いけうち・さとる）

理学博士。名古屋大学名誉教授。
1944年兵庫県生まれ。京都大学理学部物理学科卒業、同大学院博士課程修了。ジョンズ・ホプキンス大学、プリンストン大学、スペース・テレスコープ科学研究所の客員研究員、総合研究大学院大学教授を歴任。ここ数年は「科学と社会」にかかわる教育研究に力を注いでいる。主な著書に『科学の考え方・学び方』（岩波ジュニア新書）、『考える方法』（共著、筑摩書房）、『科学と科学者のはなし』（編集、岩波書店）、『どんどん知りたい科学の「なぜ」40』（監修、小学館）など多数。

イラスト（p.15, p.25-26, p.38-39）
丹下京子

年表イラスト
高橋正輝

撮影
松本のりこ

ブックデザイン
倉地亜紀子

執筆
財部恵子

地図作成
ジェオ

図版作成・DTP
ニシ工芸

校正
小学館クリエイティブ（佐藤治）

編集・執筆
教育画劇編集部
小学館クリエイティブ（河津結実）

なりたい自分《じぶん》になろう！
人生《じんせい》を切《き》りひらいた女性《じょせい》たち①
医療《いりょう》・科学編《かがくへん》

2016年2月　初版発行

監　修　池内 了
発行者　升川秀雄
発行所　株式会社教育画劇
〒151-0051　東京都渋谷区千駄ヶ谷 5-17-15
TEL：03-3341-3400　　FAX：03-3341-8365
http://www.kyouikugageki.co.jp/

印刷・製本　大日本印刷株式会社

48P　268×210mm　NDC280

ISBN978-4-7746-2046-6 C8323
（全3冊セット ISBN978-4-7746-3034-2 C8323）